领导力

从自我成长到卓越组织打造

高 铭◎著

中国铁道出版社有限公司
CHINA RAILWAY PUBLISHING HOUSE CO., LTD.

图书在版编目(CIP)数据

领导力：从自我成长到卓越组织打造 / 高铭著．
北京：中国铁道出版社有限公司，2025．10．-- ISBN
978-7-113-32579-4

Ⅰ．C933

中国国家版本馆 CIP 数据核字第 2025YH7133 号

书　　名：**领导力——从自我成长到卓越组织打造**
LINGDAOLI：CONG ZIWO CHENGZHANG DAO ZHUOYUE ZUZHI DAZAO

作　　者：高　铭

责任编辑：冯彩茹　　**编辑部电话**：(010)51873005
封面设计：赵　兆
责任校对：苗　丹
责任印制：赵星辰

出版发行：中国铁道出版社有限公司(100054，北京市西城区右安门西街 8 号)
网　　址：https://www.tdpress.com
印　　刷：天津嘉恒印务有限公司
版　　次：2025 年 10 月第 1 版　2025 年 10 月第 1 次印刷
开　　本：710 mm×1 000 mm 1/16　**印张**：13　**字数**：167 千
书　　号：ISBN 978-7-113-32579-4
定　　价：68.00 元

前　言

在当今这个快速变化的社会中，领导力不仅是领导者个人成长与实现价值的关键，也是组织前行的重要动力。领导力不仅体现在指挥和管理上，更是一种激发组织潜能、引领团队变革的能力。领导者的自我成长是提升领导力的重要一环，决定了领导者的领导力能否持续升级，以适应不断变化的外部环境。

领导力并非天生，而是需要领导者持续修炼。领导者需要不断地自我反思、自我挑战，勇于面对自己的不足，积极寻求成长的机会，同时需要通过不断学习和实践来打造和提升影响力。自我成长的过程既是对个人能力的锤炼，也是对心智模式的重塑。它要求领导者具备开放的心态，愿意接纳新的观念和方法，勇于跳出舒适区，不断突破自我。

在领导者的自我成长之路上，有两大关键点不容忽视。

一方面，领导者需要具备持续学习的能力。在这个知识爆炸的时代，领导者只有不断学习，才能保持与时俱进，不被时代所淘汰。领导者需要持续学习新的管理理论、行业知识等，以提升自己的专业素养和领导能力。

另一方面，领导者需要培养创新思维。在快速变化的市场环境中，创新思维是领导者必备的素质之一。领导者需要敢于打破常规，勇于尝试新的方法和策略，以应对日益复杂的挑战。

面对领导者持续学习和成长的需求，本书聚焦领导力，详细讲解领导力修炼的方法论。从认知重塑到领导力修炼的一系列流程，再到领导者的终身成长，本书涵盖了通过修炼领导力实现自我成长的方方面面。

本书通过理论与案例相结合的讲解，旨在加深读者对各种方法论的理解，同时帮助读者掌握提升领导力的操作要点。

面对环境的变化和自我成长的内在诉求，领导者只有紧跟时代趋势持续成长，才能始终保持竞争力，在推动个人成长和职业发展的同时领导团队走向成功。

作　者

2025 年 7 月

目录

第 1 章

认知升级：领导力是能修炼的

领导力并非与生俱来的天赋，而是可以通过不断学习、实践与反思进行修炼的能力。通过深化自我认知、更新管理思维、持续学习管理理论和行业知识等，领导者能够持续修炼领导力，进而实现领导力的提升。

1.1 80%的领导者能达到80分

在管理领域，80%的领导者能达到80分，然而，这并不意味着他们拥有卓越的领导力。一些领导者所欠缺的也许正是领导力，而领导力的核心在于解决问题，它决定着团队的前进方向与成就。

1.1.1 你的短板也许是领导力

领导力对于领导者的重要性不言而喻。

首先，拥有强大领导力的领导者能够有效地激励团队成员。他们能够清晰地传达目标和愿景，让团队成员明白自己工作的意义和价值，从而产生工作热情和创造力。当团队成员感受到自己的工作是为了一个共同的目标而努力时，他们会更加投入，积极主动地发挥自己的才能。

其次，领导力强的领导者善于解决问题。在面对各种复杂的挑战和困难时，他们能够冷静地分析局势，迅速作出决策，并带领团队找到解决方案。他们敢于承担风险，勇于尝试新的方法和思路，为团队树立榜样。

最后,良好的领导力有助于营造和谐的团队氛围。领导者通过关心和尊重团队成员,营造一个开放、信任的工作环境,促进团队成员之间的合作与交流。在这样的氛围中,团队成员能够充分发挥自己的优势,共同为实现团队目标而努力。

然而,并非所有的领导者都具备强大的领导力。有些领导者可能在技术或专业领域非常出色,但在领导团队方面却存在不足。他们可能缺乏有效的沟通技巧,无法清晰地传达自己的想法和要求;或者在决策时犹豫不决,导致团队失去方向。这些短板会严重影响团队的绩效和发展。

面对这些短板,领导者需要怎样做?一方面,领导者可以主动向团队成员、上级或外部专家寻求反馈,了解自己在领导力方面的不足;另一方面,领导者需要根据团队发展及团队成员的需求,灵活调整自己的领导风格。此外,领导者还需要通过参加培训、论坛活动、行业会议等方式,不断充实自己的知识和经验。

总之,一些领导者的领导力可能存在短板,但这并不意味着无法改进。通过寻求反馈、持续学习等措施,领导者可以不断提升自己的领导力水平。

1.1.2 领导力核心:解决问题

在领导者需要具备的众多能力中,解决问题的能力是核心。对领导者而言,高效地解决问题直接关系到团队的发展和成功。

领导者作为团队的领头羊,会时常面临各种各样的问题。这些问题可能来自内部,如团队成员之间的冲突、工作效率低下、资源分配不合理等,也可能来自外部,如市场变化、竞争对手的压力、政策法规的调整等。在面对这些问题时,领导者不能逃避或推诿,而要勇敢地承担起责任,积极寻找解决方案。

首先，解决问题需要敏锐的洞察力。领导者需要敏锐地捕捉问题的蛛丝马迹，穿透表象直达问题的核心，精准地把握其症结所在。这要求领导者不仅拥有广博的知识储备和深厚的经验积淀，还需要具备多角度审视问题的能力，以洞悉问题的根源。同时，领导者还需要倾听团队成员的声音，汇聚众人智慧，共同探寻解决问题之道。

其次，解决问题需要果断的决策力。面对问题，领导者应迅速决断，而非犹豫不决。在决策过程中，领导者要全面考量各种因素，精心权衡利弊，以选出最优解决方案。同时，领导者还需勇于担当决策带来的风险与责任。

最后，解决问题还需有效的执行力。再好的决策，如果缺乏有力的执行，终将沦为空谈。领导者需确保团队成员深刻理解并认同解决方案，明确各自的职责与任务，激发其执行的积极性与主动性。在执行过程中，领导者还需加强监督与检查，及时发现并解决问题，确保解决方案得以顺利落实。

企业家稻盛和夫就是一个很好的例子。他接手日本航空公司时，公司面临严重的经营危机，濒临破产。稻盛和夫没有被困难吓倒，而是深入分析问题的根源并采取针对性措施。

他首先从重塑企业文化入手，倡导“敬天爱人，利他之心”的经营理念，强调员工的使命感和责任感，重塑组织价值观。在管理模式上，他推行阿米巴经营模式，将公司划分为多个小的经营单元，让员工参与经营决策，激发员工的积极性和责任感。在成本控制方面，他深入分析各项成本支出，削减不必要的开支，优化航线网络和人员结构，集中资源发展核心业务。通过这些具体措施，日本航空公司不仅成功摆脱了困境，还实现了业绩的大幅增长。

1.1.3　史蒂夫·乔布斯身上的领导力是如何体现的

史蒂夫·乔布斯以创新的产品引领科技潮流，以卓越的领导力铸就了苹果公司的辉煌。

他的领导力首先体现在对创新的执着追求上。他坚信创新是企业前行的核心引擎,因此他不满足于现状,始终致力于打破传统思维的桎梏。无论是 iPhone 革命性的多点触控技术,还是 MacBook 的极简美学设计,都是他不懈追求创新所取得的璀璨成果。他勇于冒险,敢于拥抱新技术与新理念,面对失败也不退缩。这份对创新的执着激励着团队中的每一名成员不断超越自我,共赴实现伟大目标的征途。

史蒂夫·乔布斯还具备非凡的愿景塑造能力。他能够洞察未来趋势,为苹果公司绘制宏伟的发展蓝图。这份愿景超越了产品的范畴,旨在改变人们的生活方式。在他的引领下,苹果公司致力于创造简洁、易用且美观的产品,让科技真正服务于人类,提升人们的生活品质。这一清晰的愿景为团队指明了方向,凝聚了全体成员的力量,促使他们共同向目标迈进。

对产品品质的极致追求也是史蒂夫·乔布斯领导力的重要体现。他是不折不扣的完美主义者,对每一个细节都力求尽善尽美。他要求苹果的产品在功能卓越的同时,设计也需达到艺术的高度。他亲自参与产品的设计与开发过程,对每一个环节都严格把控,确保产品的每一个细节都能体现出苹果的品质与追求。

此外,史蒂夫·乔布斯还组建并领导了一个才华横溢的团队。他深知人才对于公司发展的重要性,因此不遗余力地招揽行业精英。设计师乔纳森·艾维便是他麾下的得力干将之一。史蒂夫·乔布斯给予这些关键人才充分的自主权与创作空间,让他们在自己擅长的领域内尽情发挥才华。这种信任与放权极大地激发了团队成员的积极性和创造力,使他们从单纯的执行者转变为创新的推动者。

史蒂夫·乔布斯的领导力不仅在科技领域,还是一种对人生与事业的深刻洞察与感悟。他用自己的行动诠释了领导力的真谛：领导力不仅仅是权力与地位的象征，更是责任与担当。

1.2 追本溯源：影响力

优秀的领导者并非仅仅依靠职位赋予的权力，而是通过自身的品格、智慧、行动去影响和激励他人。领导者拥有影响力，就能够凝聚团队的力量，引领大家朝着共同的目标奋进。

1.2.1 领导力来源于影响力

影响力并非强制他人服从的力量，而是一种能够激发他人内心动力、促使他们自愿跟随的能力。领导者具备强大的影响力，团队成员会被其人格魅力、专业素养和远见卓识所吸引，从而积极主动地投入工作。

影响力具有三个层次，如图 1-1 所示。

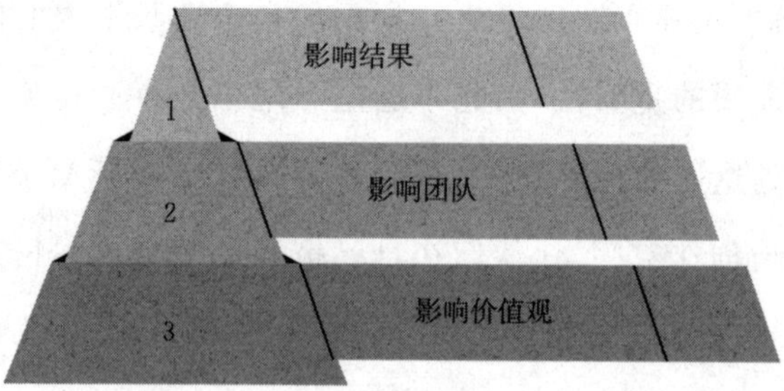

图 1-1 影响力的三个层次

1. 影响结果

优秀的领导者能够通过科学的决策、合理的资源配置和清晰的目标设定，带领团队实现可衡量的成果。他们善于设定 SMART 目标，并将其分解为团队成员可执行的任务。他们懂得通过数据驱动决策，利用 KPI、OKR 等工具追踪进展，及时调整策略。

例如，通过定期的复盘会议，分析成功与失败的原因，形成持续改进的机制。这种基于成果的影响力，不仅能提升组织的绩效，也能增强团队对领导者的信任与追随。

2. 影响团队

在团队层面，影响力体现为关系力，即通过建立信任、激发潜能、提升协作效率来实现组织目标。有影响力的领导者，往往具备良好的沟通能力与共情能力，善于运用授权与激励相结合的方式，让团队成员在承担责任的同时获得成长空间。例如，通过一对一辅导、职业发展规划、项目制学习等方式，帮助员工明确成长路径。

同时，他们也注重团队文化建设，鼓励开放、包容、协作的氛围，使成员在团队中感受到归属感与价值感。

3. 影响价值观

当领导者能够将自身的信念、价值观与组织使命深度融合，并通过言行一致的方式传递给团队成员时，就能在组织内部形成统一的文化认同。例如，领导者通过以身作则，践行诚信、责任、创新、合作等核心价值观，让这些理念成为团队日常行为的准则。他们也会在招聘、培训、绩效评估等环节中，将价值观具象化为可衡量的行为标准。当团队成员在价值观层面达成共识，组织的凝聚力和执行力将显著提升，形成长期可持续发展的内在动力。

领导者应如何提升影响力？

在结果层面，提升战略思维与执行力，建立目标导向的管理机制，强化数据驱动的决策能力；在团队层面，注重沟通与激励，营造信任与成长的组织环境，提升团队协作效率；在价值观层面，以身作则，将核心价值观融入组织制度与文化，打造具有使命感的团队。

领导力的本质，不是控制与指挥，而是影响与引导。只有不断提升这三个层面的影响力，领导者才能真正引领团队突破瓶颈，实现从个人成长到组织卓越的跃迁。

1.2.2 影响力分类：权力性与非权力性

领导者的影响力直接关系到团队的凝聚力、执行力和工作成效。影响力可以分为权力性影响力和非权力性影响力两种。

权力性影响力又被称为强制性影响力，其来源于法律、职位等。这种影响力具有强迫性和不可抗拒性，领导者凭借其职位所赋予的权力，对下属发布指令、进行管理。例如，上级领导可以决定下属的工作分配、绩效考核等。权力性影响力需要通过外推力的方式来发挥作用，它在一定程度上确保了组织的正常运转和秩序稳定。然而，单纯依靠权力性影响力进行管理，可能会导致下属被动服从，缺乏积极性和创造性。

非权力性影响力则是领导者自身素质、个人魅力所产生的自然影响力。它不具有强制约束力，但影响更广泛、更持久。一个具有高尚品德、卓越才能和良好人际关系的领导者，往往能够赢得下属的尊重和信任，激发下属的工作热情和创造力。非权力性影响力主要包括领导者的品德、才能、知识、情感等方面。例如，一位领导者以诚信为本，关心下属的成长和发展，善于倾听下属的意见和建议，这样的领导者更容易获得下属的认同和支持。

权力性影响力与非权力性影响力看似对立，实则相辅相成。一般情况下，权力性影响力起到决定性作用，属于法律范畴。它为管理提供了基本的框架和保障,确保组织的目标能够实现。然而,非权力性影响力是能动的,属于思想范畴。它能够激发下属的内在动力,提高团队的凝聚力和战斗力。

在实际管理中,领导者应充分发挥权力性影响力和非权力性影响力的作用,实现两者的有机结合。

一方面,领导者要正确运用权力性影响力,要明确自己的职责和权限,依法行使权力,做到公正、公平、公开;同时要避免滥用权力,尊重下属的合法权益,营造良好的工作氛围。

另一方面,领导者要不断提升自己的非权力性影响力。领导者要加强自身修养、提高品德素质、增强业务能力、拓宽知识视野,同时要注重与下属的沟通和交流,建立良好的人际关系,以自己的人格魅力感染和影响下属。

1.2.3 如何增强影响力

具备卓越影响力的领导者能够激发团队成员的潜力,推动组织发展。领导者增强自身影响力应具备的条件如图 1-2 所示。

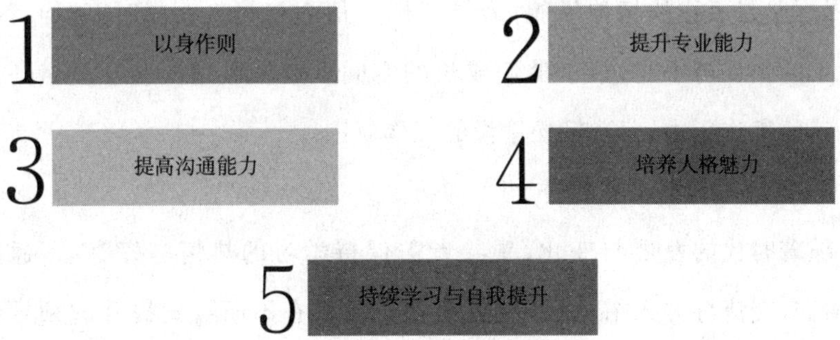

图 1-2 领导者增强自身影响力应具备的条件

1. 以身作则

领导者需成为团队的楷模,言行合一,践行所倡导的价值观与行为准则。如果领导者要求员工勤勉诚信，而自身却懒散失信，便难以赢得员工的尊重与信赖。只有通过实际行动展现敬业、责任与正直等品质，领导者才能树立正面典范，激发员工的积极性与创造力。

2. 提升专业能力

领导者需要在自身领域内拥有坚实的专业基础与卓越的技能，这样才能在决策时作出明智的判断，为团队指引正确的方向。同时，持续精进专业能力也有助于领导者与团队成员交流时更具说服力，增强他们对领导者的信心。

3. 提高沟通能力

领导者应倾听员工的声音，尊重他们的意见与感受，通过积极沟通了解员工需求与期望，并给予及时反馈与支持。同时，领导者应清晰传达愿景、目标与策略，让员工明确工作方向与价值所在。良好的沟通有助于建立信任关系，增强团队的凝聚力与向心力。

4. 培养人格魅力

魅力四射的领导者更易吸引与影响他人，这包括保持乐观积极的心态、拥有宽容大度的胸怀及幽默风趣等。领导者应以乐观向上的态度面对挑战，展现坚忍不拔的精神风貌，为员工树立信心与勇气。同时，领导者应包容员工的错误与不足，给予他们成长的空间。幽默风趣的领导风格还能缓解员工的工作压力，营造轻松愉悦的工作氛围。

5. 持续学习与自我提升

随着时代的发展与变化，领导者需保持学习的热情与好奇心，通过阅读、培训、交流等方式拓宽视野、更新知识。只有不断自我提升的领导者才能适应新的挑战与机遇，引领团队迈向成功之路。

总之，领导者要提高自身影响力，需要从以身作则、提升专业能力、沟通交流、培养人格魅力和持续学习等方面不断努力。

1.3 领导力的五个层级

领导力的五个层级由约翰·C. 麦克斯维尔提出。在领导学领域,这一理论有着深远影响。领导力的五个层级分别是职位、认同、业绩、育人、巅峰,它清晰地勾勒出领导者成长的路径。从凭借职位的权力,到赢得认同、创造价值、培育他人,最终登上巅峰,为领导者提供了不断提升自我的指引,帮助他们更好地理解和实践领导的真谛。

1.3.1 职位领导力

在领导力的五个层级中,职位领导力作为起点,是所有领导者修炼领导力的必经之路。职位领导力是最低层级,依靠职位权力的领导者往往只能产生头衔所带来的影响。

职位领导力来源于组织赋予领导者的权力与地位。一旦个体被委以领导的职责,就自然而然地掌握了决策、指挥及资源调配的权力。这些权力赋予了领导者在特定领域内发号施令、推动工作的能力,如部门经理能自如地部署任务、引领项目建设并灵活调配资源。

然而,职位权力具有局限性。它仅在一定组织边界与职责范围内有效,超过这个范围,其影响力就会大幅减弱。再者,职位权力通常很生硬,容易招致下属的反感与抵触,如果领导者仅凭此强制推行个人意志,可能破坏团队和谐,降低整体效能。

此外,职位权力不稳定,可能因组织结构的调整、人事变动等外部因素而瞬间瓦解。如果领导者仅依赖职位权力，一旦失去此依托，其影响力将荡然无存。

优秀的领导者明白职位领导力的局限性，并努力超越这一层级，具体策略如下：

(1)明确权力边界。领导者需要清楚了解自己的权力范围和职责边界，避免越权行事。通过与上级和团队成员的沟通，明确自己的角色和职责，确保权力的合理使用。

(2)倾听与沟通。领导者应主动倾听团队成员的意见和建议，建立开放的沟通渠道。例如，定期组织团队会议，鼓励成员发言，收集他们的想法和反馈。

(3)赋能与授权。领导者应通过授权，将部分决策权和责任下放给团队成员，提升他们的自主性和责任感。例如，可以将一些小型项目的决策权交给团队负责人，让他们在实践中锻炼和成长。

(4)建立信任。领导者需要通过透明的沟通和公正的行为，建立团队成员对他们的信任。信任是团队凝聚力和执行力的基础，只有团队成员信任领导者，他们才愿意跟随领导者。

综上所述，职位领导力虽然是领导力的基础层级，却并非不重要。领导者应清醒地认识其价值与局限，不断提升自身能力与素养，逐步向更高层级的领导力迈进。

1.3.2 认同领导力

认同领导力完全基于人际关系，员工跟随领导者是因为他们真心愿意。领导者想要获得他人的认同，就要努力成为关系型领导者，具体做法如图 1-3 所示。

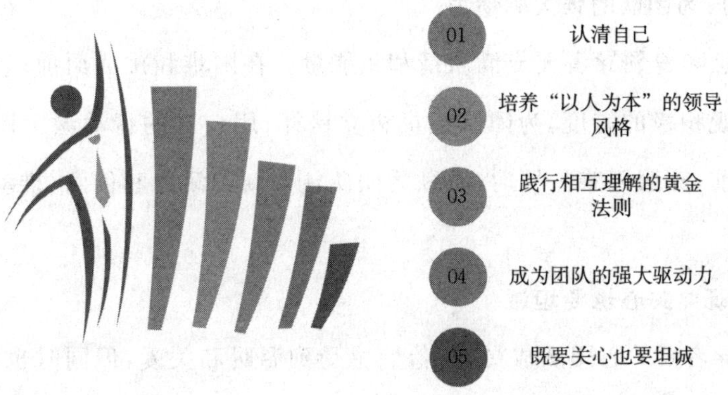

图 1-3 如何成为关系型领导

1. 认清自己

领导者只有先深入地自我探索、拥抱真实的自我，并清晰地界定个人的价值观与目标，才能以最本真的面貌与他人建立真诚的联系。一旦领导者对自己有了深刻而清晰的认知，他们便能在各种挑战与变数前保持冷静与自信。这种源自内心深处的力量会自然而然地向外辐射，吸引并会聚起众多志同道合的人。

2. 培养“以人为本”的领导风格

这样的领导风格能让领导者真正走进团队成员的内心。领导者需要关注每一个人的需求、梦想和面临的挑战，把团队成员看作独特的个体，而不是工作的机器，给予他们足够的尊重和支持，鼓励他们发挥自己的优势，为他们提供成长的机会和空间。这样的领导风格会让团队成员感受到被重视，从而更加愿意为团队贡献自己的力量。

3. 践行相互理解的黄金法则

领导者要设身处地为他人着想，不要将自己不愿意接受的任务或压力强加给团队成员。在决策和行动中，领导者要充分考虑他人的感受和利益，以公平、公正的态度对待每一个人。只有这样，才能赢得团队成员的信任和尊重。

4. 成为团队的强大驱动力

这意味着领导者要充满激情和正能量。在困难和挑战面前，领导者应保持乐观积极的态度，为团队成员树立榜样，用自己的行动激励团队成员勇往直前，克服困难。同时，不断为团队注入新的活力和创意，推动团队不断进步。

5. 既要关心也要坦诚

领导者要关心团队成员，让他们感受到温暖和关爱，但同时也要坦诚。在面对问题和错误时，敢于直言，及时给予反馈和建议。领导者既要有温柔的一面，又要坚持原则，这样才能建立起健康、稳定的人际关系。

总之，认同领导力是一种强大的力量，它能让领导者与团队成员建立起深厚的情感连接，共同前进。

1.3.3 业绩领导力

业绩领导力是一种以业绩为基石，通过影响力引领团队前进的领导方式。处于这一层级的领导者深知业绩是提升影响力的关键，他们凭借卓越的成就为组织作出贡献，进而赢得下属的信任和追随。拥有业绩领导力的领导者具有三个特征，如图 1-4 所示。

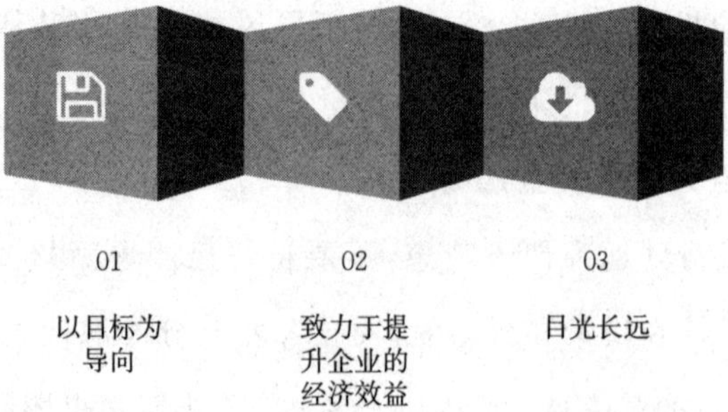

图 1-4　拥有业绩领导力的领导者的特征

1. 以目标为导向

拥有业绩领导力的领导者深知,在工作领域,只有通过实际的业绩成果,才能证明自己的能力和价值。他们对自己和团队有着清晰的业绩要求,善于制定明确的战略规划,将大目标分解为可操作的小目标,带领团队一步一个脚印地朝着既定方向迈进。

2. 致力于提升企业的经济效益

拥有业绩领导力的领导者敏锐地把握市场动态,及时调整经营策略,开拓新的业务领域,并通过提高产品质量、优化服务流程、降低成本等方式,不断增强企业的核心竞争力。在他们的带领下,企业的业绩蒸蒸日上,为股东创造了丰厚的回报,也为员工提供了稳定的发展平台。

3. 目光长远

拥有业绩领导力的领导者不仅关注短期的业绩目标,还注重长期的可持续发展。他们懂得在追求业绩的同时,兼顾企业的社会责任和环境效益。他们积极推动创新,鼓励团队成员提出新的想法和解决方案,为企业的未来发展注入新的活力。

当领导者通过业绩获得影响力后,下属会因为他们为组织作出的贡献而心悦诚服地跟随。这种影响力并非来自权力的压迫,而是源于领导者的榜样力量。下属看到领导者通过努力拼搏取得辉煌成就,会备受鼓舞,激发起自己的工作热情和创造力。他们会以领导者为榜样,努力提升自己的业务能力,为实现团队的共同目标而奋斗。

当领导者达到这一层级后,便能有效地激励团队士气,能够通过自身的业绩去带动身边人,从而带领团队实现当前目标并迈向更高的目标。

1.3.4 育人领导力

拥有育人领导力的领导者不是发号施令者,而是人才培育者和团队成长推动者。育人领导力对领导者有以下三点要求：

1. 重视人才培养

通用电气公司的传奇 CEO 杰克·韦尔奇就是一个经典的例子。他深信，卓越的领导者应致力于挖掘并培育人才，为他们铺设通往成功的阶梯与舞台。

杰克·韦尔奇实施"活力曲线"管理策略，将员工划分为 A、B、C 三类。A 类员工作为团队中的佼佼者，获得了丰厚的奖励与广阔的晋升空间；B 类员工作为中坚力量，得到了杰克·韦尔奇及其团队全方位的培训与发展支持；而 C 类员工则需在竞争中自我提升。这一机制极大地激发了员工的积极性与进取心，推动了整个组织持续进步。

2. 为员工提供指导和反馈

领导者应该成为员工的导师，帮助他们明确职业发展方向、解决工作中遇到的问题。通过及时反馈，员工可以了解自己的优点和不足，从而有针对性地改进和提高。例如，当员工在项目中遇到困难时，领导者可以给予具体的建议和指导，帮助他们找到解决问题的方法。同时，领导者也要善于发现员工的闪光点，及时给予表扬和鼓励，提高员工的自信心和工作积极性。

3. 创造一个有利于人才成长的环境

这包括建立公平公正的评价体系、提供丰富的培训资源、鼓励团队合作等。在一个公平公正的环境中，员工能够感受到自己的努力和付出得到了认可，从而更加积极地投入工作。丰富的培训资源可以帮助员工不断提升自己的专业技能和综合素质，为个人发展和团队进步奠定基础。而团队合作则可以促进员工之间的交流和学习，激发创新思维，提高工作效率。

在当今竞争激烈的市场环境中，领导者只有具备育人领导力，才能吸引和留住优秀人才，打造出一个高素质的团队。而拥有优秀人才和团队，组织才能持续发展，走向卓越。

1.3.5 巅峰领导力

在领导力层级中，巅峰领导力处于第五层，是领导力的最高境界。它不仅仅是领导者能力的体现，更是一种永恒的精神力量。巅峰领导力对领导者提出了四点要求。

1. 培育出具备育人特质的领导者

稻盛和夫亲手创立了两家世界500强企业，他在拥有卓越领导力的同时，还致力于将下属培养成出类拔萃的领导者。他通过身体力行与言传身教，将自身的经营智慧与理念深深根植于员工心中，激发他们内在的潜能，促使他们在工作中持续成长与飞跃。许多曾为他效力的员工，日后都成长为能够独立担当、传承育人理念的领导者，继续发扬光大他的精神遗产。

2. 引导潜在的巅峰领导者

拥有巅峰领导力的领导者如同伯乐，拥有敏锐的洞察力，能够精准识别出具备潜力的人才，并倾囊相授、悉心栽培。以曾任通用汽车公司总裁的阿尔弗雷德·斯隆为例，他不仅以超凡的领导力和战略眼光引领通用汽车迈向辉煌，还重视年轻一代领导者的培养，为公司的长远发展储备了宝贵的人才资源。他积极倡导创新思维，为下属提供施展才华的广阔舞台，让他们在实践中不断锤炼与提升领导力。

3. 为继任者做好周密的规划

拥有巅峰领导力的领导者深知，一个组织的持续发展离不开优秀继任者的有力支撑。正如松下幸之助在晚年时精心挑选并培养接班人，为松下电器的未来发展奠定了坚实的基础。他不仅关注继任者的专业能力，还重视其品德修养与领导素质。通过一系列精心设计的培养方案与传承机制，他确保了松下电器能够长久保持强大的竞争力与活力。

4. 不断地进行自我修炼与提升

领导者需具备宽广的视野、深邃的洞察力及坚定的信念，以在复杂多变的环境中准确捕捉机遇、作出明智决策。同时，他们还需拥有一颗无私奉献的心，甘愿为组织的发展与员工的成长倾注心血与努力。

综上所述，巅峰领导力是领导者的至高追求与理想境界。只有那些勇于挑战自我、不懈努力的领导者，才能攀登至巅峰，成为真正的带头人。

第 2 章

明确目标：你要做一个掌舵者

一个明确的目标能凝聚团队力量，激发成员的潜力。在带领团队前进的过程中，领导者要明确目标，以坚定的决心和敏锐的洞察力把控方向。当领导者清晰地勾勒出目标蓝图时，团队成员就能齐心协力，朝着共同的方向奋力前行。

2.1 目标：让成员知道做什么

在工作中，明确知道自己该做什么至关重要。有了目标，员工能更有动力投入工作，提高效率。然而，不同的团队适合不同的目标，领导者可以根据自己团队的特点设定合适的目标，成为团队前行的掌舵者。

2.1.1 为什么团队必须有目标

某小型创业公司成立之初，员工充满激情和创造力，但由于没有明确的目标，每个人都按照自己的想法和节奏工作。有的人专注于产品研发，却不考虑市场需求；有的人忙于拓展客户，却忽视了产品质量。

结果，公司发展陷入混乱，业绩也不尽如人意。后来，公司领导者意识到问题的严重性，组织团队成员进行深入讨论，明确了公司的短期和长期目标。很快，公司的发展走上了正轨，业绩也稳步提升。

该案例清晰地展现了目标对于团队的重要性，如图 2-1 所示。

图 2-1 目标对于团队的重要性

1. 目标能够明确工作内容

当团队拥有一个清晰的目标时，成员可以确切地知道自己需要做什么。没有目标的团队，成员往往会陷入迷茫，不清楚工作重点是什么，导致工作效率低下。有了目标，团队成员能确定自己的具体任务和职责，从而有条不紊地开展工作。

2. 目标可以统一团队行动

一个团队由不同性格、不同背景的人组成，每个人都有自己的想法和做事方式。如果没有共同的目标，团队成员很容易各自为政、行动不一致，甚至产生冲突。而团队有明确的目标，所有成员都会围绕这个目标来调整自己的行动。大家会为了实现目标而相互协作、相互配合，形成一股强大的合力。

3. 目标有助于提高团队凝聚力

共同的目标能够让团队成员产生认同感和归属感，使他们意识到团队是一个整体，有着共同的使命和追求。在为实现目标而奋斗的过程中，成员会逐渐形成共同的价值观，如团队合作、责任担当、追求卓越等。共同价值观将进一步增强团队的凝聚力，使成员更加紧密地团结在一起。当团队遇到困难和挑战时，成员会因为共同的目标和价值观而相互支持、相互鼓励，共同克服困难。

总之，团队必须有明确的目标。只有拥有明确目标的团队，才能在激烈的竞争中脱颖而出，获得成功。

2.1.2 你的团队适合哪种目标

每个团队都有其特点和优势，只有将团队与恰当的目标相匹配，才能发挥出最大的效能。团队目标的类型如图 2-2 所示。

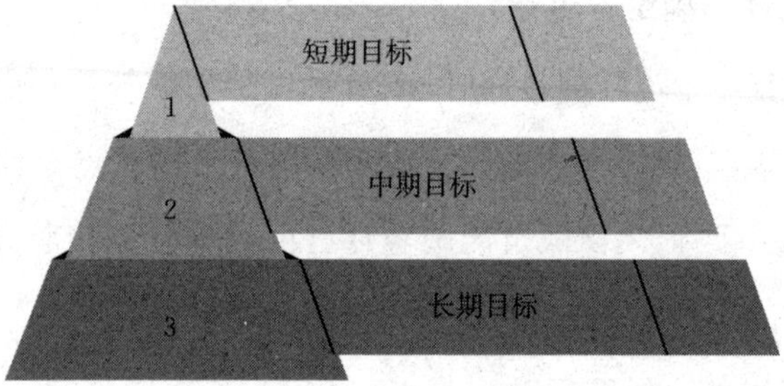

图 2-2 团队目标的类型

1. 短期目标

短期目标通常是在一年内可以实现的具体目标，适合想要快速取得成果、应对紧急情况或者处于起步阶段的团队。以一家新成立的小型电商创业团队为例，他们的短期目标是在开业后的第一个月内达到一定数量的订单量。这个目标明确具体，团队成员能够清楚地知道自己每天的工作重点就是通过各种营销手段吸引客户下单。通过努力实现这个短期目标，团队可以获得初步成功，增强信心，为后续的发展奠定基础。

2. 中期目标

中期目标一般是在 3～5 年内实现的目标，适合已经有一定基础，但仍在不断发展壮大的团队。例如，一家软件开发公司的中期目标是在 3 年内开发出一款具有创新性的软件产品，并在市场上获得一定的用户认可。这个目标需要团队成员在较长的一段时间内持续努力，进行需求调研、设计开发、测试优化等一系列工作。在实现中期目标的过程中，团队成员应不断提升自身的专业能力和协作水平，为公司的长期发展积累经验。

3. 长期目标

长期目标则是着眼于 5 年以上甚至更长时间的宏伟目标，适合那些有远大抱负、具备较强实力、稳定发展的团队。例如，一家大型跨国企业的长期目标是在未来 5 年内成为全球同行业中市场份额最大的企业。为了实现这个长期目标，团队需要制定详细的战略规划，不断进行技术创新、市场拓展和人才培养。长期目标能够为团队提供持续的动力和方向，促使团队成员为了共同的理想而努力奋斗。

此外，团队目标还可以分为业绩目标、成长目标和社会责任目标等。

业绩目标主要关注团队的经济效益，如销售额、利润等指标的提升，适合以盈利为主要目的的商业团队。

成长目标侧重于团队成员个人能力的提升和团队整体的发展，适合注重人才培养和团队建设的团队。通过实现成长目标，团队成员能够不断进步，团队的实力也会越来越强。

社会责任目标则强调团队对社会的贡献，如环保、公益等方面，适合具有社会责任感的团队。通过实现社会责任目标，团队不仅能够为社会作出贡献，还能提升企业的社会形象和品牌价值。

总之，不同类型的团队目标适合不同的团队，团队应根据自身的特点、发展阶段和需求，选择合适的目标类型。只有明确了适合自己的目标，团队才能在正确的道路上更加坚定地前行，实现可持续发展。

2.2 如何制定目标

领导者制定目标时可以采用SMART原则，确保目标明确、可衡量、可实现、相关联且有时限。同时，要将目标层层分解下去，让团队成员清晰知晓各自的任务。只有目标保持一致、没有偏差，团队才能始终朝着正确的方向前进。

2.2.1 必不可少的SMART原则

SMART原则是一种被广泛认可的目标设定方法，它可以帮助领导者为团队制定清晰、可实现的目标，从而提高团队的绩效和效率。

领导者如何运用SMART原则制定团队目标？

1. 具体的(specific)

明确且具体的团队目标有助于成员理解和执行任务。例如，“开发新产品”这个目标可以进一步细化为：在六个月内设计并发布一款针对年轻消费者的智能穿戴设备。这样的目标包括产品类型、目标市场、时间框架等关键信息，使团队成员能够更精准地规划工作流程。

此外，领导者还可以将大目标分解为具体的子目标，并进一步细化。对于上述案例中的目标，领导者可以将其分解市场调研、产品设计、生产制造、营销推广等子目标，每个子目标还应有明确的任务说明、负责人及时间节点。比如，市场调研子目标可以进一步细分为收集用户需求、竞争对手分析等具体活动，每项活动都有指定的完成日期和负责人。

2. 可衡量的(measurable)

有效的目标需要有数量、质量、时间节点、成本等方面的衡量标准。例如,在市场调研阶段,可以设定"至少收集 500 份有效问卷"的衡量标准;在产品设计阶段,则可以设定"原型测试通过率达到 90%以上"。同时,建立监测和评估机制,如每月召开一次状态更新会议,用于追踪进度、识别问题并提供反馈,以及时发现偏差并做出相应调整。

3. 可达成的(attainable)

设定目标时,需要考虑团队的实际能力和资源状况。理想的目标既要有挑战性,又不应超出团队的能力范围。例如,团队在过去几年平均每年推出两款新软件,那么设定下一年度推出三款新品的目标较为合理。

为了确保目标可实现,领导者应为团队提供必要的支持和资源,如培训课程或额外的技术援助,帮助他们克服困难。

4. 相关的(relevant)

团队目标的相关性,核心是让目标成为串联组织、团队与个人的纽带。例如,组织的战略目标是开拓新市场,团队目标就应聚焦于新市场调研、客户关系拓展等具体任务。

团队目标也应与成员的个人职业发展相关,让成员看到实现目标对自身成长的积极影响,从而提升积极性和参与度。例如,为成员提供新技能学习机会,将个人晋升与团队目标完成挂钩。

此外,团队目标还应与组织的其他团队或部门的目标相协调,避免出现冲突或重复工作,确保组织资源的高效利用。

5. 有时限的(time-bound)

所有目标都应有明确的时间限制。除了确定总体的开始和结束日期外,领导者还应将大目标分解为多个阶段性里程碑,每个都有明确的任务要求和截止日期。例如,在产品开发过程中,可以设定初步设计完成于第一季度末，原型测试在第二季度中期等。同时，设立提醒机制，如使用项目管理软件发送进度提醒，确保团队始终关注关键节点，避免延误。

综上所述，SMART 原则是领导者制定团队目标的重要工具。在实际应用中，领导者还应该根据团队的实际情况和需求，灵活运用 SMART 原则不断调整和完善目标，确保目标始终具有有效性和可行性。

2.2.2 将目标层层分解下去

杰出的领导者不仅需要有明确的愿景和宏伟的目标，还必须懂得将这些目标细化，确保团队的每个成员都清楚自己的职责和任务。目标层层分解，首先要确定大目标，再划分子目标，最后细化子目标。

以汽车大王亨利·福特为例，他的大目标是让汽车走进千家万户，成为普通人都能拥有的交通工具。这个目标在当时是极具前瞻性和挑战性的，但正是这个大目标为福特汽车的发展奠定了坚实的基础。

有了大目标后，接下来就要划分子目标。子目标是实现大目标的关键，将大目标分解为若干个具体的、可操作的部分。亨利·福特在确定了让汽车走进千家万户的大目标后，进一步划分子目标，如致力于提高汽车的生产效率，降低生产成本。

为了达成这一子目标，亨利·福特深入研究并改进了汽车生产流程。他引入流水线生产方式，将复杂的汽车生产过程拆分为多个简单的步骤，每个工人只需专注于其中的一个环节。这一做法不仅显著提升了生产效率、降低了成本，还确保了汽车质量的稳定性。此外，他还注重产品的研发和创新，不断推出新的车型和技术，满足不同消费者的需求。

每个子目标还需要进一步分解为明确、具体、可衡量的任务和行动，并且有明确的时间节点和责任人。在福特汽车生产中，细化的子目标包括优化生产线布局、加强零部件的质量控制、加强员工培训等。例如,在优化生产线布局方面,福特团队进行多次试验,最终设计出一套高效、灵活的生产线系统。

正是通过将目标细化并落实到每个环节和部门,亨利·福特最终实现了他的宏伟愿景,使汽车成为千家万户的交通工具。福特汽车的成功案例展示了领导者应将宏大的目标细化为具体、可执行的子目标,并将这些子目标分配给不同的团队和成员。

2.2.3 目标一致:拒绝目标偏差

当团队成员明确并认同共同目标时,他们会更加齐心协力地为之努力奋斗。相反,如果团队成员的目标存在偏差,就会导致团队力量分散,最终影响整个团队的绩效。因此,领导者不仅要具备卓越的决策能力和领导魅力,还要确保目标在上下层级之间一致,坚决杜绝目标偏差。

1. 愿景和使命的具象化表达

领导者不能只简单告知团队"我们要成为行业领先者",而应将愿景和使命拆解为可感知的场景。比如,某科技公司将"技术改变生活"的使命转化为"让每位用户通过使用我们的产品每天节省 1 小时"的具体描述,并制作包含用户真实反馈的短视频,让团队成员直观感受工作的意义。这种具象化的传递,能让愿景和使命从抽象概念变为团队可理解的行动方向。

2. 进行双向沟通与协商

在制定目标时,领导者可采用"目标提案—质疑反馈—迭代确认"的流程。比如,销售团队制定季度目标时,先由成员提交个人预期方案,领导者结合市场情况提出调整建议,随后通过会议展开讨论。在这个过程中,鼓励成员表达疑问、提出建议，有助于增强其认同感和执行意愿。

3. 强化目标对齐机制

领导者应建立目标对齐的检查流程，例如，在季度初通过目标对齐评审会确认各部门计划是否与公司战略一致，避免各自为政。同时，利用 OKR 等目标管理工具实现目标可视化，使团队成员能够实时了解彼此目标与整体方向的关系。

4. 持续监督与评估

目标一致不是一次性的成果，而是一个持续的过程。领导者应利用项目管理工具（如 Trello，Asana 等）实时跟踪任务进度，定期（如每周、每月）评估目标执行情况，及时发现因外部变化或理解偏差导致的偏离，并通过一对一沟通、团队复盘等方式进行调整。

总之，目标一致是高效执行的前提。只有在方向统一、认知一致的基础上，团队才能真正形成合力，朝着共同目标稳步前行。

2.3 能实现目标的领导者是怎么做的

在追求成功的道路上，能实现目标的领导者究竟有何秘诀？他们懂得通过头脑风暴凝聚团队力量，激发众人的智慧与创造力。他们深知，今天的最好表现只是明天的最低要求，所以不断超越自我。只有凭借坚定的决心和高效的行动，才能实现一个个看似遥不可及的目标。

2.3.1 头脑风暴：凝聚团队力量

领导者的个人智慧是有限的，但团队的力量是无穷的。杰夫·贝索斯在一次采访中坦言："在我的经验中，创新的方式，创新，以及发生改变都是通过团队努力实现的。绝对没有一个自己能搞定一切的全能天才。你需要学习、讨论、头脑风暴，然后答案才会慢慢浮现而出。"

杰夫·贝索斯领导下的亚马逊，从一家小小的在线书店发展成为全球电子商务巨头，这背后离不开他对团队力量的高度重视。在亚马逊的发展历程中，杰夫·贝索斯经常组织团队进行头脑风暴。他鼓励员工大胆提出各种新奇的想法，无论这些想法多么疯狂或不切实际。因为他明白，创新往往诞生于看似荒诞的设想之中。

一次头脑风暴会议上，有一名员工提出了推出亚马逊 Prime 会员服务的想法。这个提议在当时引起了激烈的讨论，有人担心成本过高，有人质疑市场需求。但杰夫·贝索斯并没有急于否定，而是引导大家深入分析这个想法的可行性和潜在价值。通过充分的讨论和分析，团队最终达成共识，决定推出 Prime 会员服务。如今，Prime 会员服务已经成为亚马逊的核心竞争力之一，为公司带来了巨大的商业价值。

杰夫·贝索斯不仅鼓励员工提出想法，还注重营造一个开放、包容的团队氛围。在亚马逊，员工可以自由地表达自己的观点，不用担心被批评或嘲笑。杰夫·贝索斯认为，只有当每个人都敢于发言时，团队才能汇聚更多的智慧。他经常亲自参与头脑风暴会议，认真倾听每一个人的意见，并给予积极的反馈。这种领导方式让员工感受到尊重和信任，激发了他们的工作热情和创造力。

此外，杰夫·贝索斯还善于从不同的领域和背景中汲取灵感。他鼓励团队成员与其他部门、其他行业的人交流合作，拓宽视野。通过这种方式，亚马逊不断引入新的思维方式和创新理念，获得了源源不断的发展动力。

能实现目标的领导者能够深刻认识到头脑风暴和团队力量的重要性。他们以开放的心态接纳各种想法，通过积极的引导和讨论，将团队的智慧转化为实际的行动和成果。

2.3.2 今天最好的表现是明天最低的要求

能实现目标的领导者明白，满足于现状是前进的最大阻碍。他们以高瞻远瞩的眼光看待发展，将每一个今天都当作新的起点。

阿里巴巴公司推出的“新六脉神剑”价值观中有一条格外引人注目——“今天最好的表现是明天最低的要求”。这一理念不是一句口号，而是深深融入阿里巴巴的日常运营和企业文化中。

在目标设定上，阿里巴巴采用“挑战性目标＋过程管理”的方式。每个阶段的目标不仅基于上一阶段的实际成果，还必须具有进步性和突破性。这种目标管理方式，不是为了制造压力，而是为了让团队始终处于成长区，不断挑战自我、超越自我。这种机制也体现在OKR管理中，要求团队在设定关键成果时，不仅要达成，还要超越。

在绩效管理与反馈上，阿里巴巴强调“过程＋结果”的双重评估，不仅看员工是否完成了任务，更关注他们是否提出了优化建议、能力是否有提升。例如，一位销售经理如果连续三个月都完成同样的业绩，但没有带来新的客户或实现服务创新，他的绩效评估反而可能低于那些虽然尚未完全达标但有明显成长的同事。

更重要的是，这一理念塑造了阿里巴巴的组织文化。在阿里内部，有一种被称为“倒立看世界”的文化，鼓励员工跳出惯性思维，从不同角度思考问题，在试错中寻找突破。正是这种文化，让“今天最好的表现是明天最低的要求”成为一种自发的行为准则,而非外部强加的要求。

在实践层面,这一理念也推动了阿里巴巴在多个业务领域的持续创新。例如,从最初的 B2B 平台,到淘宝、支付宝、菜鸟网络、阿里云等产品的不断演进,背后都体现了不断超越、持续进化的组织精神。

对领导者而言,践行这一理念需要具备三项关键能力:

一是以身作则。领导者必须始终保持学习状态,不断优化自己的工作方式和决策质量。在阿里,很多高管都会定期参与一线员工会议,了解业务细节,并以自身行为示范“持续改进”的理念。

二是引导团队成长。优秀的领导者不是简单地设定目标,而是通过定期复盘、目标对齐、一对一反馈等方式,帮助团队成员识别成长空间,将每一次成功视为下一次突破的起点。

三是营造成长型组织环境。这包括建立激励机制鼓励创新、提供培训资源支持员工发展、打造开放沟通的文化氛围等。在这样的环境中,员工会自然形成“不满足于现状”的思维习惯。

“今天最好的表现是明天最低的要求”不仅是一种管理理念,更是一种组织哲学。它能激励员工不断突破自我、追求卓越,让团队在快速变化的商业环境中始终保持活力。

2.3.3 杰克·韦尔奇是如何实现战略与目标同步的

杰克·韦尔奇提出通用电气要成为行业中“数一数二”的领导者这一战略,为企业的发展指明了清晰的道路。

为了实现这一战略,杰克·韦尔奇给每个业务部门都定下了目标,要求他们做到行业内“数一数二”的位置。这一目标的设定具有明确性和可衡量性,让每个部门都清楚地知道自己的任务和努力方向。同时,这一目标也具有挑战性，激发了员工的斗志和创造力。各业务部门在明确目标的指引下，积极寻找提升自身竞争力的方法，不断创新和改进。

在具体做法上，杰克·韦尔奇围绕“三环”展开了“整顿、关闭或者出售”的行动。三环分别代表核心生产、技术、服务三大类业务。这三个环内的产业是企业要保留的，因为它们是企业的核心竞争力所在。而环外的产业则是要卖掉或关闭的，这样可以使企业更加专注于核心业务，提高资源利用效率。通过这种方式，企业能够优化业务结构，集中力量发展优势产业，提升整体竞争力。

“整顿、关闭或者出售”的做法很果断，也非常必要。在市场竞争中，企业必须不断调整自己的业务结构，以适应市场的变化。对于不具有竞争力的业务，及时整顿、关闭或者出售，可以避免资源浪费，降低企业的经营风险。同时，这也可以使企业能够将更多的资金和资源用于发展核心业务，实现战略目标。

同时，杰克·韦尔奇明白市场环境是不断变化的，企业的战略也不能一成不变。他主张根据目标的实现情况和市场的反馈及时对战略进行调整和修订。如果企业设定的目标在一段时间内无法实现，或者市场环境发生了重大变化，企业就需要重新审视自己的战略，确保战略与目标始终同步。这种灵活的战略调整机制，让通用电气在复杂多变的市场环境中始终保持强大的竞争力。

总之，杰克·韦尔奇以其卓越的领导才能和先进的管理理念，为通用电气打造了一套战略与目标同步的成功模式。他的经验告诉我们，在企业管理中，战略的制定只是第一步，更重要的是将战略有效地执行下去，并根据目标的反馈及时调整战略。

第3章

建立标准：有标准才能做成事

建立标准是领导者的重要职责之一。有了明确的标准，团队成员才能清楚地知道目标和要求，从而更高效地开展工作。标准可以规范行为、确保质量、提高效率。只有建立了标准，团队才能在统一的框架下协同工作。

3.1 没有标准的团队注定是一盘散沙

没有标准的团队就像一盘散沙，难以高效协作达成目标。所有订单都应有标准，这能够确保工作的规范性与一致性。同时，领导者在制定标准时也要合理，合理的标准是执行的前提。如今，标准新模式的出现为完善团队工作流程提供了保障，它根据实际情况不断调整，让标准更具适应性。

3.1.1 所有订单都应该有标准

在企业管理中，订单标准化不仅是提升运营效率的关键，还是领导者构建系统化管理能力的重要体现。合理的订单标准不仅能提升生产效率、保障产品质量，还能增强客户信任、提升企业竞争力。

以一家消费电子制造企业为例，在创业初期，由于缺乏统一的订单标准，企业面临一系列问题：订单信息不完整，生产计划频繁调整；客户下单格式混乱，影响采购与排产；产品质量波动大，客户投诉率高；交付周期不稳定，影响客户信任。这些问题直接导致客户流失、市场份额下滑。

新任领导者上任后,意识到订单管理混乱是企业发展的瓶颈。他没有急于推进系统建设,而是首先组织跨部门团队对订单流程进行全面梳理,识别出订单接收、评审、排产、交付、售后等环节的薄弱点,并明确了标准化改进的优先级,见表 3-1。

表 3-1 订单流程优化前后对比

环节	优化前	优化后
订单接收	格式多样,信息不全	统一模板,必填字段明确
订单评审	缺乏系统性评估	多部门联合评审,提前识别风险
生产排期	频繁调整,难以预测	固定排期,灵活应对紧急订单
质量检验	标准不一致,结果不可靠	统一质量标准,全程跟踪
客户服务	反馈滞后,响应慢	实时反馈,快速响应

在具体实施中,他采取了三项关键举措,如图 3-1 所示。

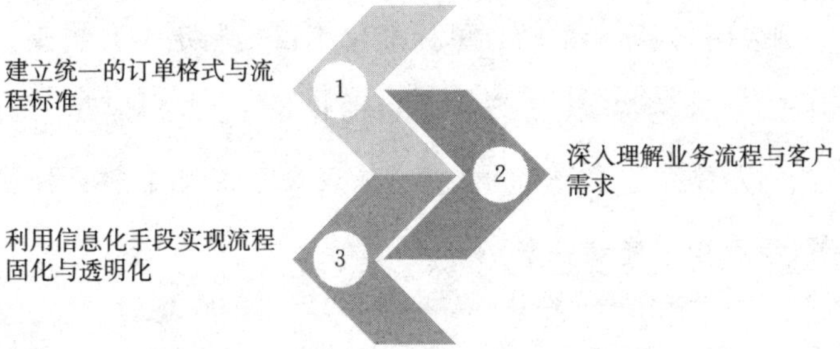

图 3-1 订单标准化的方法

1. 建立统一的订单格式与流程标准

针对客户订单格式多样、信息不全的问题,领导者制定了标准化订单模板,明确必填字段、数据格式、交期要求等内容,并要求客户或销售团队在提交订单前必须完成预审。同时,对内部使用的生产通知单、质量检验报告等文档也进行了标准化设计,确保信息传递一致、准确。

2. 深入理解业务流程与客户需求

领导者亲自参与订单流程的调研与优化，组织生产、采购、销售、客服等部门定期召开订单协同会议，确保标准既符合实际操作需求，又能满足客户交付与服务要求。他还推动建立订单评审机制，在订单正式确认前，由多部门联合评估其可行性，提前识别风险。

3. 借助信息化手段实现流程固化与透明化

在流程标准建立后，领导者引入 ERP 系统，将订单从接收到交付的全过程数字化，实现订单状态实时追踪与预警。通过系统内置的审批流程和数据校验功能，减少了人为错误，提升了执行效率。此外，他还整合了 CRM 系统，将客户历史订单、服务记录等信息纳入统一平台，为后续订单优化和服务提升提供数据支持。

经过数月的推进，企业的订单处理效率显著提升，客户投诉大幅减少，交付准时率提高至 95%以上，企业逐步恢复了市场信任，实现了持续增长。

这个案例表明，领导者推动订单标准化不仅是制定一套规则，还要通过深入理解业务、整合资源、优化流程并借助技术工具，构建起一套高效、可控、可持续的运营体系。真正的领导力，体现在于混乱中建立秩序、于细节中推动变革、于流程中释放效率。

3.1.2 标准必须合理

合理的标准能够为团队指明正确的方向，激发成员的积极性和创造力，推动事业不断向前发展。反之，不合理的标准则可能导致混乱、消极怠工甚至团队的分崩离析。因此，领导者制定的标准必须合理，可以遵循三个要点，如图 3-2 所示。

图 3-2 领导者制定合理标准的要点

1. 了解实际情况

领导者在制定标准前，必须全面掌握团队的能力水平、资源状况和外部环境。这不仅包括对现有流程的深入理解，也应通过数据分析、一线访谈、绩效评估等方式获取真实信息。例如，在制造业中，若要制定生产效率标准，不能简单照搬行业平均值，而应结合本企业的设备性能、员工技能、历史产出等综合判断。脱离实际的标准，只会引发抵触和形式主义。

2. 明确目标导向

制定标准的最终目的是实现组织目标，因此标准必须与目标高度对齐。例如，目标是提高客户满意度，那么标准应围绕响应速度、服务态度、问题解决效率等方面设定，而非单纯追求成本控制。同时，标准应具体、可衡量，如客户投诉处理时间不超过 24 小时、产品一次合格率不低于 98%，让团队成员清楚知道做到什么程度才算达标。

3. 标准具有弹性

标准不应是一成不变的铁律，而应具备一定的弹性：一方面，要避免过于僵化，防止因标准过高或脱离实际而挫伤员工积极性；另一方面，也不能因过度追求人性化而失去约束力。例如，在项目推进过程中，如果因突发事件导致进度延误，领导者可以适当调整交付时间，但应同时明确补救措施和后续改进要求，确保标准的权威性不被削弱。

3.1.3 新模式：渐进式标准

渐进式标准不是一步到位地设定高不可攀的要求，而是采取逐步提高的方式，让团队在不断进步的过程中逐渐适应更高的要求。这种模式有助于避免因标准过高而导致团队压力过大或产生挫败感，能够激发团队的积极性、提升团队的韧性。

对领导者而言，采用渐进式标准具有多方面优势。

首先，它降低了变革风险。一次性大幅度提升标准可能会引发成员的抵触情绪，甚至导致企业不稳定。而渐进式标准能让成员有足够的时间去适应和调整，从而减少因变革带来的负面效应。

其次，渐进式标准更结合实际情况。因为标准是在实践中逐步形成的，所以更能反映企业的具体需求和现实条件，避免了脱离实际的理想化标准设定。

最后，它有助于培养成员的成长心态。成员在标准逐步提高的过程中不断挑战自我、提升能力，营造出积极向上的工作氛围。

以某大型电商平台的客户服务质量提升过程为例，平台在初期设定的客户服务标准为“48小时内回复”，随着团队能力的提升和系统工具的完善，标准逐步提升为“24小时内回复”，后又提升到“6小时内回复”，最终实现“实时响应”。每一阶段的标准提升都配套了相应的培训、流程优化和绩效评估机制，让员工在可承受的节奏中逐步适应更高的服务标准。

制定渐进式标准，需遵循“三阶推进法”。

一是设定基准线。领导者需先明确团队当前的实际能力水平，确立一个团队无须超常努力即可稳定达成的标准，以奠定信心基础，为后续提升提供支撑。

二是实施阶梯式提标。在基准线稳定后，每次提标幅度控制在团队能力可承受的范围内。同时，配套相应的支持措施，如方法传授、工具供给或针对性培训。

三是建立反馈校准机制。每次提标后，可通过专题会议收集成员反馈，或结合工作成果分析不足并调整。待问题解决后再推进下一轮提标，确保每一步实施都扎实有效。

渐进式标准的核心在于以团队能力为锚点，通过基准设定、阶梯提升、反馈校准，使标准始终与团队成长保持同频。

3.2 必不可少的四种标准

在团队协作中，明确的标准支撑着团队高效运转。其中，岗位标准确定每个人的职责范围，让成员各司其职；工作标准规范日常行为，确保任务高效执行；产品标准把控产品质量，提升团队竞争力；会议标准提高沟通效率，促进决策科学合理。

3.2.1 岗位标准

一个团队的成功往往依赖于成员之间的良好协作，而明确的岗位标准可以让成员清楚地了解彼此的工作内容和边界，从而更好地进行沟通和配合。当出现问题时，也能够迅速确定责任归属，及时解决问题，避免推诿扯皮。

领导者制定岗位标准的要点如图3-3所示。

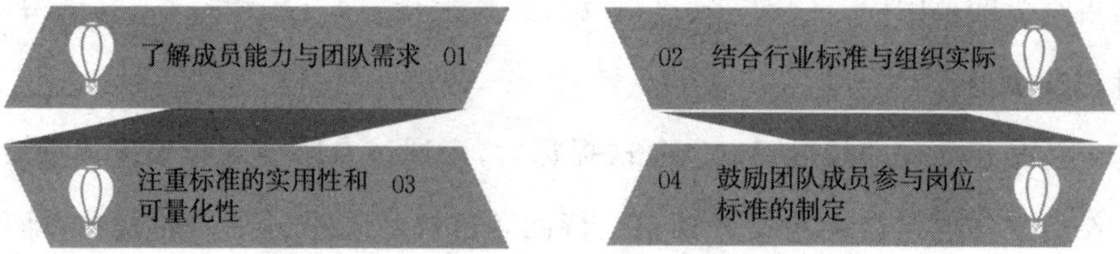

图 3-3　制定岗位标准的要点

1. 了解成员能力与团队需求

领导者应通过日常观察、绩效评估、一对一访谈等方式，了解成员的专业能力、性格特点和工作习惯。在此基础上，结合岗位所需的产出成果和协作要求，明确岗位的核心职责和边界。例如，内容运营岗位不仅要负责内容策划和发布，还应承担数据分析与用户反馈收集的职责，这些都应在岗位标准中明确列出。

2. 结合行业标准与组织实际

岗位标准的制定不能凭空想象，应参考行业通用的岗位描述模板、胜任力模型或 HR 系统中的岗位说明书。例如，人力资源管理中常用的"岗位职责＋关键绩效指标（KPI）"结构，能帮助领导者系统化地梳理岗位内容。同时，还要结合团队实际业务特点和组织发展阶段，对标准进行本地化调整，确保其既科学又实用。

3. 注重标准的实用性和可量化性

岗位标准应当清晰具体，避免模糊描述。例如，不能只说"负责市场推广工作"，而应明确"负责策划并执行月度线上推广活动，确保活动曝光量不低于 50 万次"。同时，标准应具备可衡量性，如"每月发布 3 篇原创内容""用户互动率提升 10％"，以便后续评估和反馈。

4. 鼓励团队成员参与岗位标准的制定

成员对自己的工作最为熟悉，他们的见解和建议能够使岗位标准更加完善和合理化。领导者可以通过组织岗位职责讨论会议、问卷调查、岗位体验分享等多种方式,收集成员的意见和建议。让成员参与岗位标准的制定过程,可以加深他们对自身价值的认识和对团队的归属感,从而提升团队的凝聚力和向心力。

综上所述,领导者明确团队的岗位标准是确保团队高效运作和成功的一项重要任务。只有科学合理地制定岗位标准并不断完善和调整,才能实现高效地工作。

3.2.2 工作标准

工作标准是衡量工作质量的尺度,它能够让团队成员清楚地知道什么是优秀的工作表现、何处需要改进。有了明确的工作标准,团队成员在工作中就有了目标和参照,有助于减少工作中的不确定性和模糊性,避免因为理解偏差而导致工作失误。

对领导者而言,制定科学合理的工作标准是一项至关重要的任务,领导者可以参考图 3-4 所示的三种方法。

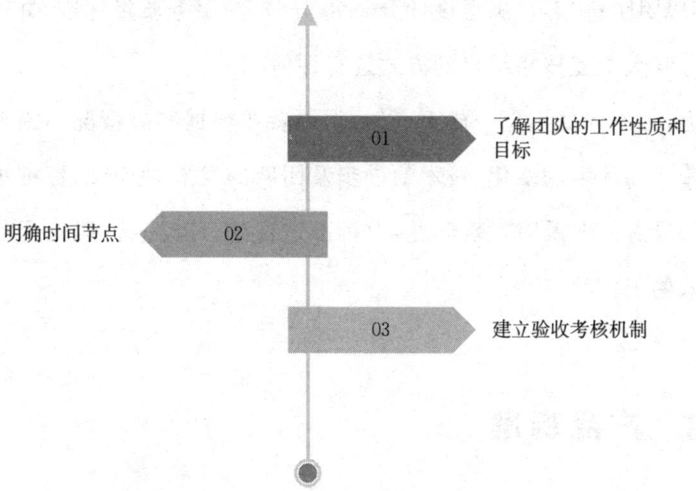

图 3-4 制定工作标准的方法

1. 了解团队的工作性质和目标

以美国汽车行业传奇人物李·艾柯卡为例，他在接手克莱斯勒公司后，深入调研汽车市场和公司的实际情况，明确了各个岗位在汽车生产、销售等环节中的具体职责和标准。通过对市场的精准把握和对团队的清晰定位，他为克莱斯勒公司制定了切实可行的工作标准，带领公司突破困境，成功实现复兴。

2. 明确时间节点

管理学之父彼得·德鲁克曾表示，时间是最稀缺的资源，如果不能管理好时间，就无法管理好其他。领导者在制定工作标准时，必须明确各项任务的完成时间，以便团队成员能够合理安排工作进度。例如，在项目执行中，领导者可以制定“需求确认不超过3天”“初稿反馈在24小时内完成”等阶段性标准，明确各个阶段的时间节点和任务要求，确保项目按时完成。

3. 建立验收考核机制

领导者需要建立完善的验收考核机制，如定期检查、同行评审、客户反馈等，并结合绩效考核系统，对团队成员的工作进行客观、公正的评价。例如，某客服团队将“客户满意度评分≥90分”作为服务质量标准，并通过系统自动评分和人工复核相结合的方式进行评估。

总之，工作标准不是一成不变的，领导者要根据实际情况不断调整和优化。随着市场环境的变化、技术的进步及团队的发展，原有的标准可能不再适用。领导者需要及时发现问题，对标准进行修订和完善，以确保团队始终保持高效的工作状态。

3.2.3 产品标准

产品标准涵盖国家标准、行业标准、地方标准和企业标准。国家标准是由国家制定的,具有权威性和普遍性,为产品质量设定了基本底线。行业标准则是特定行业内的规范,反映了该行业的技术水平和发展趋势。地方标准通常结合当地的实际情况,对特定地区的产品提出要求。

而企业标准的制定往往以国家标准、行业标准、地方标准为基础,同时融入企业的特定需求与期望。企业标准的实施,对于保障企业产品质量的稳定性、促进生产流程的统一性和标准化管理具有不可或缺的重要作用。

(1)保证产品质量和适用性。企业遵循标准进行生产,可以确保产品在性能、安全等方面达到一定水平,满足消费者的需求。

(2)为产品的研发与生产提供明确的指导。研发人员可以根据标准确定研发方向,生产人员也能按照标准进行规范操作,提高生产效率和产品一致性。

(3)有助于提升企业的竞争力。高质量、符合标准的产品更容易获得消费者的信任和市场份额。

那么,领导者应该如何了解产品标准信息?

第一,建立标准信息获取机制。定期关注国家标准化管理委员会、行业协会官网、市场监管部门公告等权威渠道,及时掌握标准更新动态。可指定专人负责标准信息的收集与解读,确保信息的及时性与准确性。

第二,组织团队系统研究行业标准。行业标准不仅体现技术规范,也预示行业趋势。领导者应推动研发、质量、生产等部门联合学习行业标准,将其作为产品开发和工艺优化的重要参考。

第三,引入专业资源辅助决策。当标准内容复杂或跨区域标准存在差异时,可邀请行业专家、认证机构或法律顾问参与解读,帮助企业精准理解标准要求,避免合规风险。

总之,领导者需将产品标准转化为企业的竞争要素,既要确保合规底线,又要通过高于标准的细节设计形成特色,让标准从约束条款转变为发展动能。

3.2.4 会议标准

会议是组织内沟通、决策和推动工作进展的重要手段。然而，低效率、冗长且缺乏重点的会议往往浪费大量的时间和资源。制定会议标准是领导者提高组织效率和执行力的重要举措。

1. 明确会议目的

每场会议（如战略决策会、项目协调会、周例会等）都应该有清晰的目的，无论是解决特定问题、作出决策、分享信息，还是规划项目。例如，周例会的核心目的是同步进展、识别问题。会议前应提前发送议程，说明会议目的、讨论重点和参会要求，确保大家在会议前做好充分准备，带着明确的问题和解决方案参会，避免会议过程中的无意义讨论和时间浪费。

2. 限定会议时间

过长的会议容易导致参会人员注意力分散，效率低下。领导者可以根据会议的重要性和复杂程度，合理设定会议时长。例如，日常工作汇报会议可以控制在30分钟以内；重大决策会议可以适当延长时间，但也要避免无限制拖延。同时，在会议过程中，领导者要严格把控时间进度，确保每个议程都能在规定时间内完成。

3. 合理选择参会人员

领导者应根据会议目的，挑选与之相关的人员参加会议，避免无关人员的参与。例如，项目进度会应包括项目负责人、关键执行人和资源协调人，而不应让无关人员旁听。一些专业性较强的会议可以邀请相关领域的专家参与，以获取专业的意见和建议。

4. 会议记录和跟进

每场会议都应该有专人负责记录会议的主要内容、决策和行动计划。会议结束后，应及时将会议记录发送给相关人员，并明确各项任务的责任人、完成时间和验收标准。领导者要定期跟进任务的执行情况，确保会议决策得到有效落实。

总之，领导者制定会议标准对于提高组织效率、优化决策过程和推动工作进展具有重要意义，能够让会议更加高效、有序地进行。

3.3 快速复制成功标准

领导者不仅要制定明确的标准，还要善于将成功标准转化为成功经验。当团队达成高标准的目标时，应及时总结归纳，提取其中的关键要素和有效方法。然后，把这些成功经验复制下去，让更多的团队成员受益。

3.3.1 高执行力团队是复制来的

领导者通过将成功标准转加以复制，能够打造高执行力团队，创造巨大的价值。复制不是简单照搬动作，而是通过制度设计、流程固化、文化塑造等方式，使标准在不同人员、不同场景中都能稳定落地。

以海底捞为例，其成功很大程度上得益于对高质量服务标准的复制。海底捞制定了一整套细致入微的服务标准，从顾客进门的那一刻起，热情问候、及时引导入座、贴心送上热毛巾等一系列动作都有严格的规范。在就餐过程中，服务员会密切关注顾客的需求，随时为顾客提供加水、下菜、更换餐具等服务。而当顾客离开时，真诚送别和邀请下次再来的话语，让顾客感受到满满的诚意。

这些服务标准并非仅限于某一家门店，而是通过系统的培训和管理，被复制到海底捞的每一家店铺。新员工入职后，将接受全面的培训，学习这些服务标准，从言谈举止到服务理念，都必须严格遵守。同时，海底捞还建立了完善的监督和激励机制，以确保员工能够持续地执行这些标准。

正是因为对高质量服务标准的复制与严格执行，海底捞的每一家门店都能为顾客提供始终如一的优质服务。无论顾客前往哪一家海底捞门店，都能享受到同样贴心的待遇，这为海底捞赢得了庞大的顾客群体和良好的口碑。

总体来说，将标准转化为成功经验并加以复制，是打造一流团队的有效策略。只要运用得当，就能在企业内部不断孕育出高效、卓越的团队，推动企业持续发展。

3.3.2 标准必须有据可依，分清最优

成功的标准是基于实际经验、数据和深入分析得出的。当领导者试图复制成功标准时，一定要明确这些标准的来源：是来自过往项目的成功案例，还是通过对市场趋势的准确把握和对竞争对手的深入研究，抑或是基于团队成员的智慧和努力所总结出来的最佳实践。只有标准具有坚实的依据，才能够在复制的过程中具有可信度和可行性。

领导者在确定成功标准时，首先，应该深入分析成功案例背后的原因和逻辑。通过对成功企业、项目或个人的研究，找出那些真正推动成功的关键因素，如创新的理念、高效的管理模式、优秀的团队协作等。只有当这些因素被明确识别出来，并经过严谨的分析和验证，才能成为可复制的成功标准。

其次，数据支持也是不可或缺的。领导者可以收集大量的相关数据，通

过数据分析来确定成功的标准。例如,市场份额、客户满意度、财务指标等都可以作为衡量成功的重要数据。这些数据不仅能够客观地反映成功的程度,还能为复制成功标准提供具体的参考依据。

然而,仅仅有依据还不够,领导者还必须分清最优的成功标准。并非所有成功因素都具有同等的重要性和可复制性,有些因素可能只适用于特定的环境或条件,而有些则具有更广泛的适用性和可持续性。领导者需要运用自己的判断力和洞察力,筛选出最优的成功标准。

最优的成功标准通常具有三个特点。一是普适性。它能够在不同的领域、不同的组织和不同的环境中发挥作用。二是可持续性。它不是一时的成功秘诀,而是能够长期保持有效性的关键因素。三是可操作性。它不是抽象的理念,而是可以具体落实到行动中的方法和策略。

在复制成功标准的过程中,领导者还需要注意灵活性和适应性。即使是最优的成功标准,也不能完全照搬照抄,而应该根据实际情况进行适当的调整和创新。

3.3.3 链家是如何复制标准的

在房地产经纪领域,链家凭借专业且规范的服务脱颖而出,成为消费者信赖的知名品牌。链家成功的秘诀之一,在于其卓越的标准复制能力,确保无论地域或门店,都提供始终如一的优质服务。

1. 流程标准化

从客户咨询、房源推荐、实地看房、交易谈判到签约过户,每一个环节都设有明确的操作指南和服务标准。例如,在房源推荐环节,经纪人需亲自实勘房源,全面掌握房屋状况及周边环境,以真实、客观的态度向客户呈现房源信息。在交易谈判中,经纪人则需充分发挥专业优势,为客户争取最大利益。通过服务流程的标准化，链家确保客户在任何门店都能享受到高效、专业的服务。

2. 培训系统化

链家建立了"链家学院"培训基地，构建了一套全面而精细的培训体系，新入职的经纪人需历经系统的专业知识洗礼，涵盖房地产法律法规、交易流程、市场分析等方面。同时，链家还着重培养经纪人的职业道德与服务理念，通过生动的案例分析、角色扮演等深化经纪人对客户需求的理解，确保每位经纪人都能以客户为中心，提供贴心的服务。

3. 技术支持

链家自主研发的销售效率（sale efficiency，SE）系统，为经纪人提供了便捷、高效的房源信息检索平台，并详细记录了每名经纪人的业务操作轨迹。这不仅保障了房源信息的准确无误与及时更新，还大幅提升了经纪人的工作效率。

4. 持续监督与反馈

为确保标准的全面复制与有效执行，总部会定期对各门店进行检查与评估，涉及服务质量、业务规范、客户满意度等多个方面。对于未达到标准的门店，链家将及时采取整改措施并加大培训力度，确保其能够快速达到公司要求。同时，链家还鼓励员工积极反馈问题、提出改进建议，不断完善标准体系，推动公司持续发展。

链家的标准复制策略不仅提升了自身的市场竞争力，还为整个房地产经纪行业树立了新的标杆。通过提供一致且优质的服务，链家赢得了广大客户的信赖与好评，实现了可持续发展和品牌价值不断提升。

第 4 章

权责定位：有权力就要担责任

领导者不仅要明确自身责任，还要懂得授权。授权并非放权不管，而是在信任的基础上，将合适的任务分配给合适的人。通过授权，领导者能激发团队成员的潜力，提升整体效率，既让自己从烦琐的事务中解脱，又为团队创造发展空间。

4.1 卓越领导者一定会授权

授权不仅是一种管理手段，还是一种领导智慧。建立授权认知是领导者的首要任务，它能激发团队的创造力和潜力。正式授权可以明确职责和权力，而非正式授权则能灵活应对突发情况。通过合理的授权，领导者可以将精力集中在更重要的战略决策上，同时培养团队成员的能力。

4.1.1 首要任务是建立授权认知

有效的领导不是领导者亲力亲为地掌控每一个决策和任务，而是懂得授权，充分发挥团队成员的潜力。而领导者授权的首要任务，便是建立授权认知。

授权不是简单地分配任务。领导者应清醒地认识到，个人的时间与精力终归有限，即便是最卓越的领导者，也难以独自应对组织面临的纷繁复杂的挑战。通过授权，领导者得以从琐碎的日常事务中抽身，将更多的精力倾注于战略规划与全局掌控上。

建立授权认知,领导者可以从四个方面着手,如图 4-1 所示。

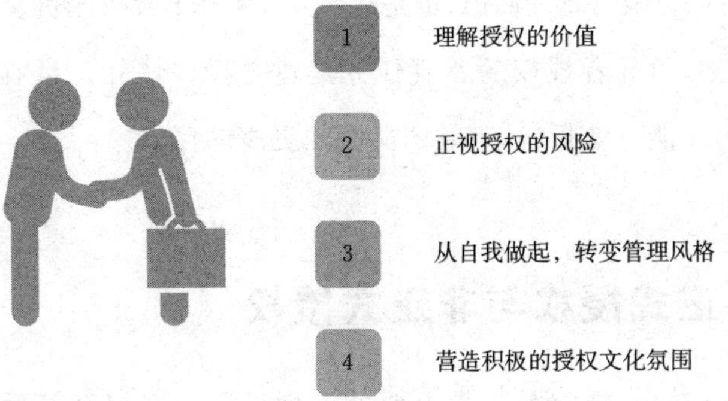

图 4-1　领导者如何建立授权认知

1. 理解授权的价值

授权不仅是为了减轻领导者自身的负担,关键在于促进团队的茁壮成长与持续发展。当团队成员被赋予权力与责任时,他们会感受到被信任、被重视,进而激发出更为强烈的工作热情和创造力。授权为团队成员搭建了展现自我、提升技能的舞台。

2. 正视授权的风险

在授权过程中,难免会遇到团队成员决策失误、工作质量波动等挑战。对此,领导者应以开放的心态看待这些挑战,视其为团队成长的必经之路。通过建立高效的监督与反馈机制,领导者能够及时发现并纠正问题,从而将风险降至最低。

3. 从自我做起,转变管理风格

领导者需深刻反思自身的管理方式是否过于集权、是否过于依赖亲力亲为。如果存在这些问题,则应主动调整,学会放手,为团队成员创造更多的成长空间与机会。同时,信任是授权不可或缺的基石,只有充分信任团队成员,领导者才能安心授权。

4. 营造积极的授权文化氛围

领导者可以通过培训、沟通等多种方式,引导团队成员深入理解授权的意义与价值，激发他们的责任感与使命感。此外，建立健全的授权制度与流程，明确授权范围、权限与责任归属，也是确保授权工作有序开展的关键所在。

综上所述，领导者授权的首要任务是建立授权认知。只有当领导者真正做到这些，才能有效授权，带领团队实现更高的目标。

4.1.2 正式授权与非正式授权

在领导活动中，授权是一项重要的管理手段。授权又可分为正式授权和非正式授权。

1. 正式授权

正式授权是领导者通过明确的组织程序和制度，将特定的权力和职责授予下属。这种授权通常以书面形式进行，明确规定了授权的范围、期限、责任等内容。正式授权具有以下特点：

(1)权威性强。它是基于组织的层级结构和规章制度进行的，具有明确的法律效力和组织约束力。下属在接受正式授权后，清楚地知道自己的权力边界和责任范围，能够更加有针对性地开展工作。

(2)稳定性高。正式授权一旦确定，在规定的期限内相对稳定，不会轻易改变，这为下属提供了一个相对稳定的工作环境。

(3)可追溯性好。由于正式授权有明确的记录和文件，在出现问题时，可以方便地进行追溯和问责。

2. 非正式授权

非正式授权是领导者通过口头、暗示等方式，将一些权力和任务委托给下属。非正式授权主要有以下几个特点：

(1)灵活性高。领导者可以根据实际情况随时进行非正式授权，调整授权的范围和内容，以适应不断变化的工作需求。

(2)信任度高。非正式授权往往建立在领导者与下属之间的信任关系基础上,下属会感受到领导者的信任和重视,从而更加积极地投入工作。

(3)沟通性强。在非正式授权过程中,领导者与下属之间的沟通更加频繁和直接,领导者能够更好地了解下属的工作进展和需求,及时给予指导和支持。

然而,正式授权和非正式授权也各有其局限性。正式授权虽然权威性强、稳定性高,但可能会因为程序烦琐而影响效率。同时,过于严格的制度规定也可能限制下属的创新和灵活性。非正式授权虽然灵活、信任度高,但也容易出现权力边界不清、责任不明确等问题,甚至可能导致权力滥用和管理混乱。

领导者在授权时,应充分认识到正式授权和非正式授权的不同特点和作用,根据任务性质、下属能力、组织文化等因素进行合理选择和运用。例如,在涉及合规、安全、战略决策的事项上,应采用正式授权,以确保权力的正确行使和责任的落实;而在一些日常工作、紧急情况或需要创新的领域,可以适当运用非正式授权,激发下属的积极性和创造力。

4.1.3 段永平是如何授权的

段永平被称为"影子老板"是因为他独特的授权管理模式。这一模式不仅让企业充满活力和创新精神,也为员工的个人成长提供了广阔的空间。在他的领导下,员工不再是被动的执行者,而是积极的创造者和决策者。他们能够充分发挥自己的才能,为企业的发展贡献自己的智慧和力量。

1. 建立高效授权体系

段永平在小霸王任职期间,便展现出对授权机制的深刻洞察和高度重视。他离开小霸王时,仅用15分钟便完成了工作的快速交接。这一惊人效率的背后,正是他所建立的高效授权体系在发挥关键作用。

到了步步高集团，段永平将授权管理的艺术发挥到了极致。他不仅精心培养出陈明永、沈炜、金志江等一系列杰出人才，还以非凡的胆识和智慧，将关键的职责与决策权大胆地托付给他们。

2. 营造信任、包容的文化氛围

段永平深知，要实现真正的授权，仅仅给予权力是不够的，还需要营造一种信任、包容的文化氛围。在步步高，他致力于打造这样的文化氛围。他鼓励员工冒险，允许他们在试错中不断成长。这种文化为授权管理提供了良好的土壤，使得员工敢于在自己的工作领域内发挥主观能动性、积极创新。因为他们知道，即使失败了，也会得到理解和支持，而不是批评和指责。

在段永平营造的信任与自由的土壤中，陈明永等核心成员如同茁壮成长的树木，迅速在企业中占据了举足轻重的地位。他们得以毫无拘束地展现自己的才华与智慧，为步步高集团的蓬勃发展贡献了不可磨灭的力量。

段永平的授权管理理念具有重要的现实意义，启示领导者要学会放手，信任他人，激发团队的创造力和潜力。只有这样，企业才能在激烈的市场竞争中立于不败之地。

4.2 如何授权才能有效

领导者想要进行有效授权，首先，要确定具体的目标和关键任务，清晰传达给被授权者；其次，界定明确的工作范围，避免模糊不清导致混乱；最后，绝对不能重复授权，这会造成职责冲突和资源浪费。只有做到这些，被授权者才能明确责任，充分发挥主观能动性。

4.2.1 授权关键点:任务+范围

有效的授权是领导者发挥团队力量、提升组织效率的关键策略之一。而明确授权关键点则是有效授权的先决条件。

明确任务是授权的重要基石。领导者在将工作任务授权给下属时,必须详尽阐述任务的具体内容、目标及各项要求、期望成果、完成期限等关键要素,使下属明确其工作在整个链条中的作用,从而有的放矢地规划工作步骤并付诸实践。

以项目执行为例,领导者应清晰界定被授权者需要承担的具体职责,如调研市场深度、设计创新方案、高效执行项目等。同时,针对每项任务,还需要详尽阐述其目标要求,如市场调研需覆盖特定区域,数据要具有代表性和分析深度;方案需要具备创新性、可落地性等。

明确范围则清晰地划定了被授权者在执行任务时的权限与责任界限,涵盖了他可调动的资源范围、决策权限以及跨部门协作等多个维度。通过明确范围,领导者能够有效预防被授权者在执行过程中可能出现的越权行为或职责模糊现象。

以销售项目为例,领导者应具体说明被授权者可利用的销售渠道、可给予客户折扣的区间以及可调动的人力资源等。此外,还需要明确被授权者在与其他部门协同工作时的具体职责与沟通机制,以确保项目整体能够顺畅无阻地推进。这样明确的界定不仅提升了工作效率,也增强了团队协作的默契与效果。

明确授权的任务与范围,对领导者和被授权者都有着重要的意义。对领导者来说,通过授权,可以从烦琐的事务中解放出来,有更多的时间和精力进行战略规划和重大决策。同时,也有助于培养下属的能力,提升团队的整体实力。

对被授权者来说，明确的任务和范围可以让他们更加自信地开展工作，充分发挥自己的才能和创造力。他们知道自己在什么范围内可以自主决策、什么情况下需要向上级请示，从而提高工作效率和质量。

在实际授权过程中，领导者也需要注意一些问题。

一方面，要根据被授权者的能力和经验来确定任务和范围，避免授权过度或不足。如果授权过度，可能会导致被授权者无法胜任工作，出现失误；如果授权不足，又会限制被授权者的发挥，影响工作效率。

另一方面，要建立有效的沟通机制，及时了解被授权者的工作进展情况，给予必要的指导和支持，还要对被授权者的工作进行监督和评估，确保任务按时、按质完成。

4.2.2 不要重复授权

在领导和管理的过程中，重复授权是一个容易被忽视却可能带来严重后果的问题。领导者必须认识到重复授权的弊端，并采取有效措施加以防止。

例如，某公司的领导者为了推动一个重要项目的进展，同时将项目的决策权授予两位部门经理。在项目执行过程中，这两位经理对于项目的方向和策略产生了严重的分歧，各自带领自己的团队按照自己的想法推进工作，结果导致项目进度严重滞后，资源浪费严重，团队成员也因为不知道该听从谁的指挥而感到困惑和沮丧。最终，这个项目以失败告终，给公司带来了巨大的损失。

为了确保组织高效运转，领导者需要采取一系列措施来防止重复授权，如图 4-2 所示。

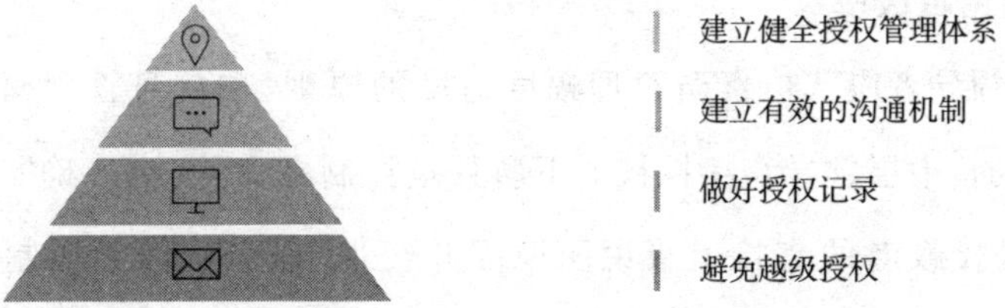

图 4-2 防止重复授权的措施

1. 建立健全授权管理体系

领导者应基于组织架构图明确各岗位的权责清单,标注每项任务的主导者、参与者及审批者。授权制度需细化至权限等级,例如,将采购权分为 5 万元以下自主审批、5 万~50 万元部门总监审批、50 万元以上总经理审批 3 个层级。

重大授权执行“双签字”制度——业务分管领导确认必要性,人力资源部核查权限匹配度,从流程设计上杜绝权力重叠。

2. 建立有效的沟通机制

在授权前实施三方确认流程:与被授权者明确任务边界,与相关协作部门同步授权范围,在公司内部公示授权信息。授权过程中采用 RACI 模型进行沟通——明确谁负责(responsible)、谁审批(accountable)、咨询谁(consulted)、告知谁(informed),以避免信息孤岛。例如,某互联网公司基于该模型进行授权沟通,并定期召开权限同步会,大幅降低了重复授权导致的返工率。

3. 做好授权记录

建立电子化授权档案库,记录需包含:授权事项的 KPI 指标、权限生效/终止时间、被授权者的能力匹配评估、应急接管人信息等。每季度开展授权审计,运用数据比对分析权限重叠点。例如,通过 ERP 系统导出各部门审批记录,识别重复审批的采购订单、合同等。某连锁企业借此发现了多处长期存在的交叉授权问题,有效节约了管理成本。

4. 避免越级授权

各级领导者应严格遵循管理幅度适度的原则，在自身管理幅度内完成授权。例如，中层领导直接授权的下属数量控制在3～5名。确需越级授权时，须向被授权者的直接上级说明原因并经过上层审批，共同制定过渡方案，明确授权期限，以免产生误解和冲突。某集团公司通过该规则，显著减少了越级授权引发的管理投诉。

总之，重复授权是领导者在管理过程中必须重视的问题。通过建立健全授权管理体系、建立有效的沟通机制、做好授权记录以及避免越级授权等，领导者可以有效地防止重复授权的发生。

4.3 对被授权者的责任约束

在领导者与被授权者的关系中，责任约束是核心要素。对于被授权者，领导者既要做到监督到位、防止权力滥用，确保权力在既定框架内正当行使，又要在出现问题时采取问责而非指责的态度，以理性的方式明确责任归属。此外，只有将责任切实落实到具体的人，才能让被授权者更加审慎地行使权力。

4.3.1 监督到位，避免权力滥用

授权是领导者信任下属的体现，但信任并不等于放任。领导者在授权时，应该明确被授权者的职责和权限，确保他们清楚自己的任务和目标。同时，领导者也要建立相应的监督机制，对被授权者的工作进行跟踪和评估。

监督到位可以防止被授权者滥用权力。权力是一把双刃剑,如果使用不当,就会给组织带来严重的后果。例如,一些企业的管理者在授权后没有对被授权者进行有效的监督,导致被授权者为了个人利益而滥用权力进行钱权交易、贪污受贿等违法犯罪活动,损害了企业的利益。这种情况在采购、工程建设等领域尤为突出。

为了避免权力滥用,领导者可以采取多种方法,如图 4-3 所示。

图 4-3 防止权力被滥用的方法

(1)建立定期汇报制度。领导者可要求被授权者按周或月提交书面报告,报告需包含任务进展、资源使用情况、遇到的问题及下一步计划等内容。汇报时,领导者要聚焦关键节点,对数据的真实性和合理性进行核实,对于模糊不清之处及时追问,确保能全面掌握工作动态。

(2)不定期检查和抽查。领导者可结合任务特点,选取关键环节进行实地检查,如采购中的供应商选择环节、工程建设中的质量验收环节等。检查时要对照授权时的要求和标准,查看是否存在偏离,同时观察被授权者的工作状态和团队协作情况,及时发现潜在问题。

(3)建立投诉举报机制。领导者要设立专门的举报渠道,如匿名举报邮箱、专用举报电话等,并明确承诺对举报人的信息严格保密。对于收到的举报,要成立专门的调查小组,按照规定流程开展调查,核实情况后及时处理,处理结果要向相关人员反馈,形成闭环。

例如,某大型企业在进行项目授权时,不仅明确了项目负责人的职责和权限，还建立了严格的监督机制。企业领导者要求项目负责人每周提交项目进展报告，并定期组织内部审计和外部评估。同时，企业还设立了举报邮箱和热线电话，鼓励员工对项目中的违规行为进行举报。通过这些措施，该企业有效地避免了项目负责人滥用权力的情况，确保了项目顺利进行。

总之，领导者对被授权者要监督到位，避免权力滥用。只有这样，才能保证授权的有效性和安全性。

4.3.2 要问责，而非指责

领导者将任务授予被授权者后，会对工作结果予以关注并满怀期待。如果结果不尽如人意，领导者应选择问责，而非指责。虽然这两者看起来相似，实则有着巨大差异。

指责往往源于情绪驱动，表现为对结果的简单归罪。例如，“你怎么又搞砸了”“我不是早就提醒过你”这类语言带有强烈的否定意味，将问题归结为个人能力或态度缺陷。其后果是显而易见的：被指责者陷入防御状态，倾向于掩盖失误、推卸责任，团队氛围趋于压抑与不信任。长此以往，员工将回避挑战性任务，创新意愿下降，组织陷入“怕犯错—不作为—绩效下滑”的恶性循环。

而问责是一种以目标为导向、以改进为核心的责任对话机制。它不回避结果偏差，但更关注过程还原与系统归因。问责的目的不是惩罚，而是通过结构化的反思，明确“哪里出了问题”“为什么会出现问题”以及“接下来如何避免”。它强调责任共担，既要求被授权者正视自身行为的影响，也要求领导者反思授权是否清晰、支持是否到位。

有效的问责应遵循三个关键原则：

(1)以事实为基础，而非情绪为依据。问责的起点是信息还原。领导者应通过开放性提问引导被授权者陈述执行过程,如“当时你做这个决策时,掌握了哪些信息”“资源调配是否遇到了预期之外的困难”这类问题有助于还原真实情境,避免基于片面信息做出判断。尤其在复杂任务中,失败往往是多重因素叠加的结果,而非仅一人的过失。

(2)区分人为失误与系统缺陷。问责必须超越“找责任人”的思维,深入分析问题背后的结构性原因。是流程设计不合理?是跨部门协作机制缺失?还是资源支持不足?例如,某项目因审批延迟导致进度滞后,表面看是执行不力,实则是审批链条过长、权责不清所致。此时,问责的重点应是优化流程,而非惩罚执行者。只有将个体行为置于组织系统中审视,才能实现根本性改进。

(3)聚焦未来改进,而非沉溺过去错误。问责的终点是行动方案。一次成功的问责对话,应以共同制定改进措施收尾。领导者可以引导:“如果再遇到类似情况,我们可以提前做什么准备?”“哪些机制可以帮助我们更早发现问题?”通过这样的对话,将失败转化为组织学习的机会,增强团队的适应力与韧性。

领导者的角色不仅是指挥者,还是引导者和激励者。选择问责而非指责,能够营造出积极向上、勇于担当的工作氛围。

4.3.3 必须责任到人

权责清晰是领导者授权的一大要点,这要求领导者在授权时必须做到责任到人。责任到人意味着明确每一个被授权者的具体责任范围和目标,让他们清楚地知道自己在任务中承担的角色和应尽的义务。

领导者责任到人的授权措施如图 4-4 所示。

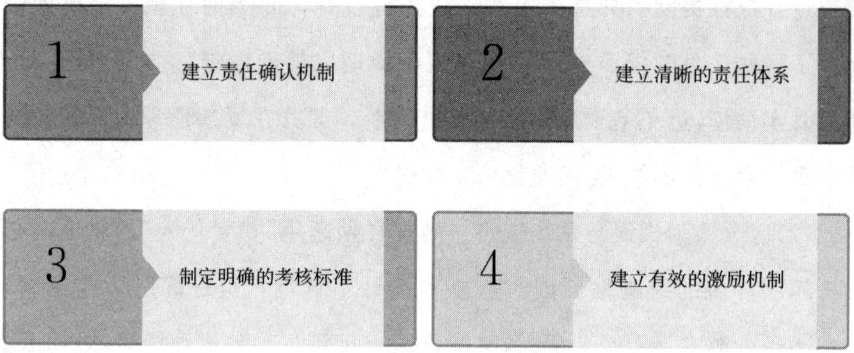

图 4-4　责任到人的授权措施

1. 建立责任确认机制

责任到人需以明确的责任确认作为起点和保障。领导者应在授权环节就通过标准化流程让被授权者对责任形成清晰认知并主动确认：授权时，出具包含任务目标、责任边界、风险点及交付标准的责任确认书，由被授权者签字确认后归档；执行中，在关键节点（如方案初审、资源调配前）召开简短的责任重申会，让被授权者口头复述自身责任范围，确保责任认知无偏差。

2. 建立清晰的责任体系

领导者需要构建“责任—权力—利益”三位一体的体系，将任务拆解为可量化的责任单元。可采用责任矩阵表纵向列出任务环节，横向标注责任人，用 P（负责）、S（支持）、A（审批）等符号明确角色。对于跨部门任务，需在矩阵表中特别标注接口人及协作边界，避免责任真空。

例如，在产品上线项目中，市场部成员的责任被明确为：P（负责）竞品分析、S（支持）定价策略讨论，而产品部则为：P（负责）功能验收、A（审批）上市时间。这种划分让每个成员清楚自己在流程中的核心责任与协作边界。

3. 制定明确的考核标准

考核标准需与责任内容直接挂钩，形成“责任清单—考核指标—评分细则”的闭环。指标应兼顾结果与过程，如销售任务不仅考核销售额达成率，也纳入客户拜访计划完成度等过程指标。评分细则需细化到具体场景,如因个人疏漏导致合同条款错误,扣减该项 30%分值。

例如,一家企业为客服人员制定的考核标准中,“客户投诉处理”项明确:24 小时内响应(30 分)、首次解决率 80%以上(50 分)、客户回访满意度 90%以上(20 分),每个分值对应可验证的行为标准,避免考核时的主观判断。

4. 建立有效的激励机制

激励需与责任轻重、成果大小相匹配,形成责任越大、激励越精准的导向。对承担核心责任的岗位,可设置责任奖金,如项目负责人在任务达标后获得基础奖金 1.5 倍的额外奖励;而对于未履行责任的行为,需有明确的惩戒措施,如取消当月评优资格、进行岗位调整等。

总之,责任到人不是简单的责任分工,而是通过机制设计让每个被授权者既清楚“要对什么负责”,也明白“尽责会怎样、失责会如何”,从而形成良性的责任闭环。

第 5 章

沟通视窗：打造良性交流通道

良好的沟通能促进信息顺畅流动，增强团队凝聚力。领导者应当积极倾听成员意见，鼓励开放交流，消除沟通障碍。只有建立起良性沟通渠道，才能让团队成员充分发挥各自的优势，共同为实现目标而努力，提升团队整体效率与创新能力，推动事业不断向前发展。

5.1 乔哈里视窗沟通理论

乔哈里视窗沟通理论由美国社会心理学家乔瑟夫·勒夫特和哈里·英格拉姆提出。该理论将人际沟通中的信息分为四个区域：开放区、盲目区、隐藏区和未知区。它强调通过自我揭示和反馈，扩大开放区，减少盲目区和隐藏区，从而促进有效的沟通与理解。

5.1.1 第一象限：开放区

开放区是指自己知道、他人也知道的信息区域，它构筑了信任与透明的基石。领导者主动披露个人见解、目标设定、决策逻辑等信息，能够使团队成员清晰地理解自己的意图与期望，进而实现更为顺畅的协同作业。例如，在一家科技公司中，领导者定期召开全体员工大会，在会上详细地介绍公司的发展战略、近期项目进展以及对员工的绩效评估标准。通过这种方式，员工清楚地了解公司的发展方向和自己在其中的位置，工作起来更加有动力和目标感。

领导者与员工在开放区沟通，可以极大地促进团队的协作与发展，但同时也需要注意一些关键事项，如图 5-1 所示。

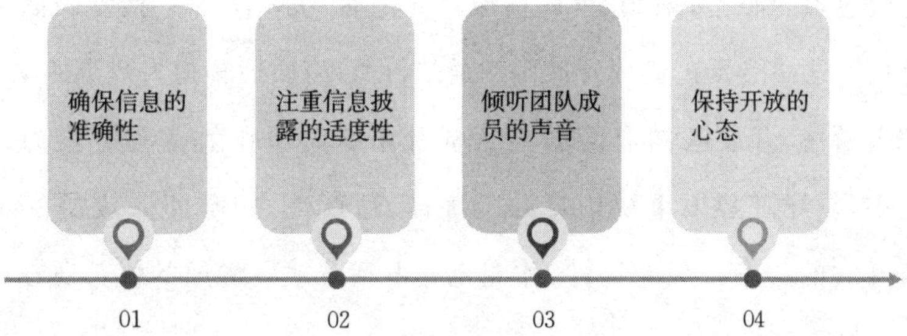

图 5-1　开放区沟通的注意事项

1. 确保信息的准确性

开放区的信息必须是真实可靠、经过交叉验证的,否则将损害领导者的公信力。尤其是涉及绩效标准或战略调整的信息,须由相关部门会签确认,避免因信息失真引发误解。

2. 注重信息披露的适度性

开放区虽然倡导分享,但并不意味着毫无保留地公开所有信息。领导者需要建立信息分级机制,如将信息划分为全员公开、部门公开、项目公开等级别,根据具体情况与对象,精选适宜的信息进行分享。对于敏感信息或商业机密,应谨慎处理,避免潜在风险。例如,公司的核心战略不应全盘托出给团队成员、技术路线图仅向研发团队披露等。

3. 倾听团队成员的声音

开放区的沟通是双向的,领导者在分享信息的同时,也应积极倾听团队成员的意见与建议,以更深入地了解团队成员的需求与关注点,从而灵活调整沟通策略与决策方向,增强团队的凝聚力与执行力。例如,组织小组讨论会,鼓励团队成员畅所欲言;采用"一分钟纸笔反馈法",让员工匿名写下疑问或建议,领导者现场回应。

4. 保持开放的心态

在开放区沟通,领导者可能会遇到不同的意见与质疑。此时,领导者应展现出开放包容的心态,采用"承认—探讨—行动"三步法虚心接受团队成员的反馈意见。这样能真正实现开放区沟通的价值,将质疑转化为改进的动力。

综上所述,开放区沟通能够显著提升团队的协作效率与凝聚力。但在此过程中,领导者必须重视信息的准确性、适度性,倾听团队成员的声音以及保持开放的心态。只有这样,才能充分发挥开放区沟通的优势所在。

5.1.2 第二象限:盲目区

盲目区指的是他人知道而自己不知道的信息区域。对领导者来说,认识并处理好盲目区的沟通问题至关重要。

曾经有一家科技公司,其领导者在推进一个关键项目时,遭遇了因盲目区导致的沟通难题。在项目研讨会上,团队成员纷纷就技术瓶颈提出忧虑与见解,然而领导者却因过度自信于个人专业能力,未能充分吸纳这些宝贵意见。他深信凭借丰富的经验能精准把控项目,却忽视了团队成员在实战中遭遇的具体问题。结果,项目在实施阶段遭遇了一系列早前已被团队预警的技术挑战,导致进度大幅拖延。

这个案例深刻揭示了领导者的盲目区所在——未能认识到自身在技术细节认知上可能存在局限,且没有足够重视团队成员提出的意见。这里为领导者总结出四点核心启示,如图 5-2 所示。

(1)秉持谦逊的态度。领导者不应该因为职位与经验而自满,应认识到每位成员都拥有独特的专业领域与见解,他们可能掌握着领导者未曾掌握的关键信息。领导者放下身段、虚心倾听团队成员的意见和建议,能减少盲目区带来的阻碍。

(2)构建开放的沟通环境。领导者需要激励团队成员勇于发声,尤其是针对领导者的盲目区提出疑问与建议。通过定期的团队会议、个别交流等

图 5-2　盲目区沟通的注意事项

形式，促进信息自由流通，确保每位成员的声音都能被听见。

(3)主动寻求反馈。领导者应定期向团队成员征询工作反馈，以识别自身不足并及时调整。例如，可设计匿名反馈机制，鼓励团队成员无保留地表达真实看法。

(4)持续学习与自我提升。领导者应当认识到个人知识与能力的有限性，通过不断学习、参加培训等方式拓宽视野，缩小自己的盲目区范围，以更全面的视角引领团队前行。

总之，领导者在盲目区与员工沟通时，一定要谨慎，并采取积极有效的措施加以应对。只有这样，才能营造良好的沟通氛围。

5.1.3　第三象限：隐藏区

隐藏区代表着自己知道而他人不知道的信息。隐藏区的沟通并非要刻意隐瞒信息，而是在适当的时候，有策略地运用自己的专业知识、经验和洞察力，以更好地引导团队。例如，一位优秀的企业领导者在面对一个重大项目决策时，可能已经对市场趋势、竞争对手的动向有了深入的了解，但团队成员并不知晓这些信息。此时，领导者可以利用隐藏区的信息，逐步引导团队进行分析和讨论，而不是一开始就全盘托出。

领导者在隐藏区与员工沟通时，需要格外谨慎，因为这一区域既可能带来积极的效果，也可能引发问题。

这里为领导者总结出三点核心启示，如图 5-3 所示。

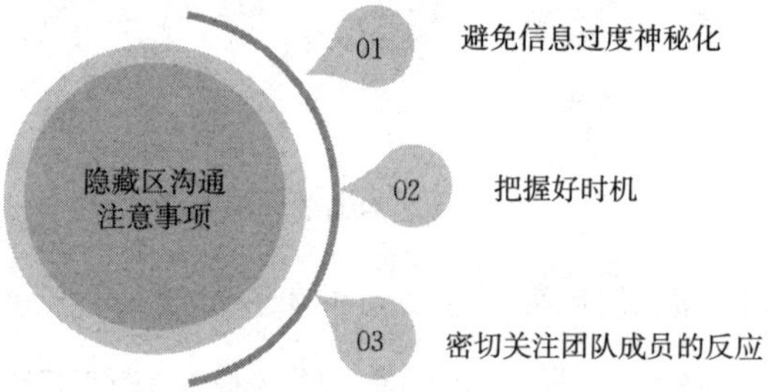

图 5-3　隐藏区沟通注意事项

1. 避免信息过度神秘化

建立信息分级披露机制，将隐藏信息按核心机密、重要信息、常规信息分类。核心机密仅限核心决策层知晓，重要信息在项目关键节点向执行层披露，常规信息随时公开。如某创业公司在新产品研发中，将核心技术参数列为核心机密，用户画像数据在方案初稿完成后分享，进度安排则同步至团队共享文档，避免了因信息模糊导致的效率低下。

2. 把握好时机

分阶段释放信息：任务启动期，仅明确目标和大致方向，隐藏具体策略；方案讨论期，当团队出现三种以上分歧观点时，释放部分支撑数据；执行攻坚期，遇到资源瓶颈时，公开可调用的后备资源。例如，在项目策划阶段，领导者先让团队自由构思，待讨论陷入僵局时，再分享前期收集的竞品失败案例，为团队提供新的思考角度。

3. 密切关注团队成员的反应

如果团队成员对领导者的某些行为或决策感到困惑，领导者应及时解释与说明,以消除误解。例如,当领导者基于整体战略考虑对项目进行调整,而团队成员对此不解时,领导者应寻找合适时机与团队成员进行一对一沟通,分享决策背后的思考过程与成本、风险、收益等数据依据,使团队成员理解领导者的意图,从而更加默契地配合工作。

总之,领导者运用乔哈里视窗的隐藏区进行沟通是一种艺术。只有充分关注隐藏区沟通的注意事项,才能充分发挥隐藏区的优势,提升沟通效果,促进团队的和谐发展。

5.1.4 第四象限:未知区

未知区是指双方都不了解的信息领域。领导者在未知区与员工沟通,意味着探索新的可能性,突破传统思维的局限。

以某科技公司为例,面对日益激烈的市场竞争,其领导者组织了一系列跨部门的头脑风暴会议,以寻找新的发展机遇。在会议中,领导者鼓励大家提出各种新奇的想法,不局限于已知的业务范围和技术领域。通过这种方式,他们发现了一些之前从未考虑过的市场需求和技术应用场景。

然而,在未知区进行沟通并非易事,领导者需要注意三点,如图 5-4 所示。

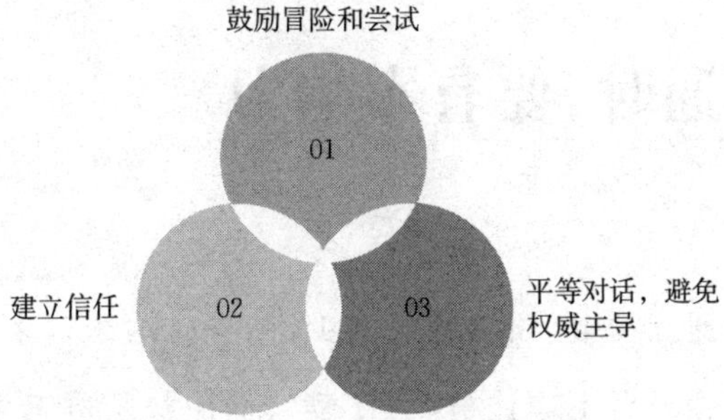

图 5-4 未知区沟通的注意事项

(1)鼓励冒险和尝试。创新必然伴随失败风险。领导者应明确划定安全试错区，允许在可控范围内开展小规模试验。例如，设立创新实验基金，支持团队用最小成本验证新想法，并承诺不因实验失败追责，也不会影响团队或个人的绩效考核，从而降低团队成员的心理负担，激发探索意愿。

(2)增加信心。在不确定性中，团队成员更需要心理支持。领导者可通过分享自身经历传递信心，如讲述自己曾参与但未成功的项目，以及从中获得的成长。同时，在会议中采用“不打断、不否定”原则，对每个想法给予积极回应，哪怕是天马行空的建议，也先记录再评估，营造包容氛围。

(3)平等对话，避免权威主导。在探索未知时，领导者的观点容易压制他人表达。对此，领导者可在沟通前明确无层级发言规则，不因职位高低而影响表达权重。例如，在讨论中，领导者最后发言，避免过早表达个人倾向束缚团队思路；当出现不同意见时，不用“我认为”“应该”等指令性语言，而是以“这个想法背后的考虑是什么”“从另一个角度看是否有补充”等提问方式引导深入探讨。

总之，领导者在未知区与员工沟通，能够为团队带来新的机遇和突破。但在这个过程中，领导者注意以上事项，才能充分发挥未知区沟通的作用。

5.2 沟通时，要有影响力

在与员工沟通互动中，领导者应当少讲一些“鸡汤”，多讲生动故事，以激发员工共鸣。领导者不应让员工“闭嘴”，而应鼓励员工多交流。适当的赞美可以激励员工奋进，批评能促使其成长，领导者应把握好二者的平衡。

5.2.1 少"鸡汤"，多故事

"鸡汤"式的话语或许能短暂地激励员工，但往往缺乏实质性的支撑，难以深刻触动员工的内心，甚至引发反感与抵触。相比之下，故事以其生动的情节、鲜活的人物和具体的场景，能够深刻触动员工的心弦，让他们在聆听中感悟，从而激发积极性和创造力。

在领导格力的过程中，领导者董明珠摒弃单纯依赖"鸡汤"来激励员工。她通过分享自身的奋斗历程，向员工传递坚忍不拔、勇于创新的精神。董明珠从基层销售人员做起，凭借顽强的意志和卓越的才能，逐步将格力推向世界舞台，使其成为全球知名的企业。她的故事激励着每一名格力员工，让他们深信只要勤奋努力，就能实现自我价值。

此外，董明珠还乐于分享格力在发展过程中遭遇的困境与挑战，以及团队如何携手共克时艰的故事。这些故事加深了员工对企业发展历程的了解，增强了他们的归属感和责任感。员工在聆听这些故事后，更加珍惜自己的岗位，积极为企业的发展贡献力量。

要让故事真正发挥激励作用，领导者可采取以下做法：

(1)明确讲故事的目的。每次讲述前先问自己：我想传递什么价值观？是坚持、协作，还是客户至上？围绕核心主题选择或设计故事，避免随意分享、流于表面。例如，在强调执行力的会议上，可讲述某次紧急交付中团队连续奋战 48 小时的实例。

(2)结构化表达。采用"挑战—行动—结果—启示"四段式结构，使故事清晰有力。例如，"当时我们面临客户突然取消订单(挑战)，团队连夜调整产能并主动提供替代方案(行动)，最终不仅挽回客户，还获得了新订单(结果)，这说明主动担当比被动等待更有价值(启示)。"

(3)控制节奏与细节。在团队会议中设置 5 分钟故事时间，聚焦一个完整事件，避免冗长。细节要真实但不过度展开，重点突出关键转折点和人物心理，增强代入感。

(4)鼓励员工讲述自己的故事。定期召开成长分享会，邀请员工讲述工作中的突破、失败或感动瞬间。领导者带头倾听并回应，形成双向叙事氛围，让以往的员工听领导者讲转变为“我们一起讲”。

在与员工沟通时，领导者多讲故事不仅能提升沟通效果，还能拉近与员工的距离。故事让领导者不再是高高在上的指挥者，而是变得有血有肉、有经历、有情感。这样的沟通方式使员工更容易接受领导者的观点和建议，从而更加积极地投入工作。

5.2.2 不要总是让员工“闭嘴”

优秀的领导者懂得倾听员工的声音，而不是动辄就让员工“闭嘴”。

通用汽车公司的传奇领导者阿尔弗雷德·斯隆就是一个很好的例子。他在领导通用汽车期间，以其独特的领导风格和卓越的管理才能，带领通用汽车成为全球汽车行业的巨头。他深知，一家企业的成功离不开每一名员工的努力和贡献，于是积极与员工沟通，鼓励员工提出自己的想法和建议。

在一次高层会议上，阿尔弗雷德·斯隆认真倾听了一名年轻工程师对一款新车型的设计建议。尽管这个建议与当时大多数人的意见相悖，但他没有让这位工程师“闭嘴”。相反，他耐心地听完工程师的阐述，并组织大家对这个建议进行深入讨论。最终，这个建议经过改进后被采纳，为通用汽车带来了巨大的效益。

要真正实现有效倾听，领导者可建立以下四个沟通机制：

(1)结构化会议流程。在重要会议中实行发言轮转制，确保每位成员都有机会表达观点，尤其关注沉默者。领导者可主动邀请员工发表意见，如：

"李磊,你在这个项目中参与较多,想听听你的看法。"

(2)非评判性倾听。在员工表达过程中,避免打断、反驳或急于给出解决方案。可通过肢体语言(点头、注视)和简短回应(如"我明白""请继续说")传递尊重,让对方完整表达真实想法。

(3)建立反馈闭环。对员工提出的建议,无论是否采纳,都要给予回应。例如,"你上周提到的流程优化建议,我们已与技术部门评估,部分可行项将在下月试点。"这能让员工感受到"声音被听见"。

(4)设置匿名通道。除面对面沟通外,设立线上意见箱或定期匿名调研,收集员工不便公开表达的意见。领导者定期查看并选择典型问题予以回应,体现对多元声音的重视。

领导者让员工"闭嘴",会导致员工不敢表达自己的真实想法,企业内部缺乏民主氛围。相反,一个善于倾听的领导者能够营造积极向上的企业氛围。员工感受到自己被尊重和重视,会更加积极地投入工作,为企业的发展贡献自己的力量。

5.2.3 赞美和批评都很关键

领导者应明白,在领导和管理员工的过程中,赞美和批评如同鸟之两翼、车之两轮,二者缺一不可。

赞美是一种强大的激励力量。领导者真诚地赞美员工,能极大地激发员工的积极性和创造力。以某公司的某位部门领导为例,一名员工在项目中提出了一个极具创新性的想法,尽管最终实施起来有一些挑战,但这位领导者仍当着所有团队成员的面赞美了该员工的创新思维和积极主动的态度。这位员工备受鼓舞,工作更加努力,不断为团队贡献新的创意和解决方案。

然而，仅有赞美是不够的，批评在领导过程中同样至关重要。批评不是为了打击员工，而是为了帮助他们成长和进步。明智的领导者懂得以恰当的方式批评员工。例如，某公司领导者发现一名员工在工作中频繁出现粗心大意的问题，导致一些重要数据出现错误。该领导者没有当众严厉指责这名员工，而是选择在私下与这位员工深入沟通。

该领导者先肯定了员工的努力和贡献，然后温和地指出粗心大意带来的严重后果，并提出具体的改进建议。员工感受到领导的关心和期望，虚心接受批评，并在后续的工作中更加注重细节，工作质量得到了显著提升。

领导者在运用赞美和批评时，需要掌握一定的技巧。

1. 赞美

(1)真诚。发自内心，不夸大、不敷衍，员工能感知到认可的真实性。

(2)具体。采用"行为＋影响＋认可"三段式表达。例如，"你在向客户汇报时主动补充了竞品对比数据(行为)，更清晰地展示了我们的优势(影响)，这种前瞻思维值得肯定(认可)。"这种结构让员工清楚知道"什么被认可"，强化正向行为。

2. 批评

(1)方式上，遵循"事实—感受—期望"路径。例如，"这周的报表出现了数据单位错误(事实)，客户可能会质疑我们的专业性(感受)，建议你在提交前用检查清单核对一遍(期望)。"

(2)时机上，坚持及时但不冲动原则。问题发生后应尽快沟通，避免拖延导致误解积累，但若员工正处于情绪波动或公开场合，应暂缓批评。理想时机是私下、双方状态平稳时，如周例会后的一对一谈话。

领导者要深刻认识到赞美和批评在与员工沟通中的重要性，并善用赞美和批评激发员工的积极性。

5.3 倾听是一门学问

倾听能让领导者与员工建立起真实的连接，在倾听的过程中与员工共情，设身处地理解他们的感受和需求。同时，从倾听中可以收集到丰富的信息，为决策提供有力依据。而且，领导者应避免过多的主观判断，以开放的心态接纳不同的声音，这样才能促进团队的和谐发展与进步。

5.3.1 在倾听的同时与员工共情

共情，即设身处地理解他人的感受和情绪。当员工在工作中遇到困难或挫折时，领导者如果能感同身受，给予他们理解和支持，员工会更加信任领导者，也更有动力去克服困难。例如，当员工因为工作压力过大而感到焦虑时，领导者可以与他们交流，分享自己曾经的类似经历，并提供一些有效的应对方法。这种共情的行为会让员工感受到领导者的关怀，从而缓解压力，提高工作积极性。

共情式聆听的方法如图5-5所示。

图5-5 共情式聆听的方法

1. 全然投入

共情式聆听需要领导者放弃以自我为中心来看待问题，全然投入员工视角的个人体验中。

张经理特别喜欢找员工谈话，但每次谈话都克制不住自己的表达欲望。有一次，他找HR小林商量改进员工培训的问题，小林向他反映了一些新进员工的问题和他们对企业的反馈意见，可还没等小林说完，张经理就打断了他，发表了一通自己认为新进员工应该如何做的观点，全然不管实际情况。最后，小林直到走出办公室也没能把新员工的意见反映给张经理。

案例中的张经理已经意识到沟通的重要性，但始终以自我为中心看待问题，开口闭口都是"我认为你要怎么样"，没有站在员工的角度去想他们认为好的培训应该是怎样的。如果张经理没有意识这一点，就很难作出接地气的决策。

2. 放下偏见

和共情式聆听相对的是倾向性聆听。也就是说，领导者在聆听前就已经有了自己的偏好，在聆听时，会不自觉地按照自己的想法思考，把他人的言语当成耳旁风。

想要做到共情式聆听，领导者就要学会放下偏见，以空杯心态去倾听每一种声音。具体而言，领导者需要认识到自己存在的偏见，并承认这些偏见会阻碍有效的聆听。偏见可能源于过去的经验、个人价值观、文化背景或社会角色等。通过自我反省和诚实面对，领导者可以放下偏见，冷静而客观地聆听员工的声音。

3. 放下同情

在沟通过程中，领导者还要注意区分同情和共情。同情是跟别人一起体验情绪，多关注过去的感受；而共情则是深入他人内心去体验情绪，多关注当下的感受。

同情可以不介入他人的内心就与其产生情感联系，但共情则需要进入对方的内心，聆听对方的心里话。有时，领导者可能会误用同情替代共情。然而，同情会阻碍领导者深入理解员工的内心世界。因此，在聆听时，领导者应将员工视为独特的个体，以他们为中心，关注他们当下的情绪，并挖掘他们隐藏的真实的自己。

5.3.2 从倾听中收集信息

领导者处于决策的核心位置，而正确的决策离不开准确、全面的信息。员工是组织的细胞，他们在日常工作中积累了丰富的实践经验和独特的见解。通过倾听员工的声音，领导者可以了解到工作流程中的实际问题、客户需求的变化以及潜在的市场机遇。

正如著名作家鲍威尔所言："我们要聆听的是话语中的含义，而非文字。在真诚的聆听中，我们能穿透文字，发掘对方的内心。"聆听的主要目的是理解员工要表达的意思，而准确理解员工、明确关键信息，是推进沟通的关键条件。

领导者该如何聆听关键信息？要掌握五个重点，如图 5-6 所示。

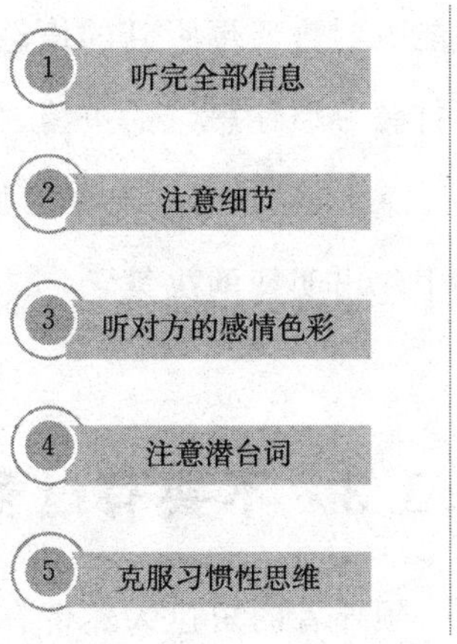

图 5-6 如何聆听出关键信息

1. 听完全部信息

聆听的大忌是打断对方，领导者有时会认为自己已经抓住了重点，就告诉员工不要往下说了，然后匆忙下结论。这个结论很可能是失之偏颇的，而且终止员工的汇报对员工也很不尊重。领导者在聆听时要耐心一点，不要听到一半就心不在焉，这样很容易错过关键信息。

2. 注意细节

领导者在聆听时可以记录一些自己觉得重要的点和细节，如交付延迟、客户投诉等，最好能整理出它们之间的联系，有时关键信息就隐藏在细节中。

3. 听对方的感情色彩

员工汇报时的感情能体现出他对某些问题的态度。例如，语速快的地方可能是不重要的信息，加强重音和语调的地方可能是想要强调的信息。领导者要注意员工汇报时语调、重音、语速等的变化，以更准确地把握员工对问题的真实态度。

4. 注意潜台词

有时员工因畏惧领导的权威，不敢直接表达一些信息，就会借助“潜台词”。例如，员工说“这次的项目就连××（某业务骨干）也是这样认为的”，他可能是想表达这个方案已经没有修改的余地了，而且他已经找权威的人检验过了。通过潜台词，领导者可以了解员工对问题的真实看法。

5. 克服习惯性思维

人们会下意识地对听到的话进行评价，这种习惯性思维会导致领导者只能听到自己想听到的信息。领导者要想使聆听取得突破性的效果，就必须打破习惯性思维的束缚，保持客观和理性。

总之，领导者只有学会倾听，从倾听中收集信息，才能在纷繁复杂的局势中作出明智的决策。

5.3.3 不要有过多的主观判断

领导者的角色天然带有权威感，这会在不经意间使领导者在倾听时先入为主，带着主观判断去接收信息。然而，这存在诸多弊端。

一方面,这会让发言者感到不被尊重和理解,从而挫伤他们表达真实想法的积极性。

另一方面,过多的主观判断会使领导者陷入思维局限,很难看到问题的全貌,也难以发现新的机遇和挑战。

为了避免在倾听时出现过多的主观判断,首先,领导者要开拓自己的思维。领导者要认识到自己并非无所不知,每个人都有其独特的视角和价值;尊重他人的意见,即使与自己的观点不同,也不要急于否定;可以通过提问、追问等方式,深入了解对方的想法背后的逻辑和依据。这样不仅可以拓宽自己的思维,还能让发言者感受到被重视,从而更加积极地参与到交流中来。

其次,领导者要学会控制自己的情绪和反应。当听到与自己预期不符的观点时,人们往往本能地反驳,作出主观的判断。对此,领导者需要保持冷静,在对方说完后,沉默几秒,给自己一些时间来思考和消化对方的话,不要急于回应。这样能让理性回归。

最后,跳出自我视角,用第三人称转述。领导者容易用自己的经验框架去解读他人话语。例如,员工说“资源不够”,领导者立刻想到“其他人也缺资源,为何你特别提出来”。这是一种典型的主观投射。

解决方法是:在心中将对方话语转为第三人称客观陈述。例如,把“他又在抱怨资源不足”转化为“他反馈当前任务在现有资源配置下难以按时完成”。这一语言转换能剥离情绪标签,帮助领导者从评判者变为观察者,更客观地理解信息本质。

主观判断无法完全消除,但可以通过上述方法加以控制与改善。当领导者拥有不被偏见主导的倾听能力,就能获得真实信息,实现高质量决策与深度的团队连接。

第 6 章

反馈机制：加深彼此之间的了解

通过反馈，领导者能更好地了解员工的需求、想法和工作状态，员工也能更清晰地领会领导的期望。这不仅有助于提升工作效率，还能加深彼此之间的了解。

6.1 反馈对提高领导力很重要

接受并给予反馈，能助力领导者不断成长与进步。然而，领导者需明白绩效考核不等于反馈，它只是其中一部分。同时，领导者也要避免陷入“推理阶梯”的误区，客观看待反馈信息。只有重视反馈，积极运用反馈来调整领导方式，领导者才能不断提高领导力。

6.1.1 双管齐下：接受并给予反馈

心理学中存在一种确认偏误现象：人们倾向于接受支持自己观点的信息，而排斥相反意见。领导者若不能主动打破这种心理惯性，拒绝接受员工的反馈，其决策将脱离现实，团队士气也会因“上情下达、下情难上达”而受损。

领导者接受反馈是智慧和勇气的体现。当领导者愿意放下身段，认真倾听来自下属、同事以及外部利益相关者的意见和建议时，他能够获得宝贵的信息和不同的视角，从而发现自身的不足之处，了解团队的真实需求和期望。

领导者接受反馈,需要创造一个员工有心理安全感的环境。谷歌“亚里士多德项目”研究发现,高绩效团队的核心特征之一是心理安全感,即成员敢于表达意见、提出怀疑而不必担心被惩罚。领导者若想获得真实反馈,就必须营造这种氛围,主动倾听,避免在员工提出意见时立即辩解或反驳。例如,当下属指出某项决策执行困难时,领导者应认真倾听,而非急于解释“这是上级要求”或“你没理解意图”。

然而,仅仅接受反馈是不够的,领导者还需要学会给予反馈。给予反馈是领导者引导团队成长和发展的重要手段。当领导者能够以恰当的方式给予下属反馈时,他们可以帮助下属认识到自己的优点和不足,明确努力的方向,提高工作绩效。

给予反馈要及时,如在下属表现出色或出现问题时及时给予反馈,让下属清楚地知道自己的行为所产生的影响。同时,反馈要客观公正,避免个人情感和偏见的影响。

此外,给予反馈还需要注意方式方法。对此,领导者可以使用 SBI(situation-behavior-impact,情境、行为、影响)行为反馈模型。

执行步骤:

(1)情境:说明事件发生的背景。例如,“在昨天下午的客户汇报会上”。

(2)行为:描述具体、可观察的行为,不加标签。例如,“你全程语速较快,没有与客户进行眼神交流,PPT 翻页速度也很快”。

(3)影响:说明该行为带来的实际后果。例如,“这可能让客户感觉信息传递不够清晰,影响他们对方案重点的理解”。

霍华德·舒尔茨在领导星巴克期间,非常注重与员工的沟通和交流,并积极接受员工的反馈。

星巴克一直致力于营造一种温馨、舒适的工作环境和消费体验。为了实现这一目标,霍华德·舒尔茨鼓励员工提出自己的想法和建议。例如,有员工提出在门店设置更加舒适的座位和更温馨的灯光，以提升顾客的体验感。霍华德·舒尔茨认真听取了这个建议，并组织团队进行评估和实施。很快，星巴克的许多门店进行了改造，增加了舒适的沙发、柔和的灯光等，顾客的满意度得到了显著提升。

同时，霍华德·舒尔茨也会及时给予员工反馈。在一次员工大会上，有员工提出希望公司能够提供更多的培训机会，以提升自己的专业技能。霍华德·舒尔茨当场表示会认真考虑这个建议，在后续的工作中，星巴克加大了对员工培训的投入，推出了一系列专业培训课程，涵盖咖啡知识、客户服务、领导力等多个方面。这不仅提高了员工的工作能力和素质，也为星巴克的持续发展奠定了坚实的基础。

总之，领导者接受并给予反馈至关重要。通过接受反馈，领导者能够不断完善自己，提高领导水平；通过给予反馈，领导者能够引导团队成长，迈向更高的台阶。

6.1.2 绩效考核≠反馈

在许多组织的管理实践中，领导者习惯于在季度末或年末的考核表上填写评语，认为这便是反馈。然而，将绩效考核等同于反馈不仅误解了反馈的本质，还削弱了其在领导力发展中的真正价值。

绩效考核本质上是一种评估机制，其核心功能是衡量员工在特定周期内的工作成果、行为表现与目标达成度，通常与薪酬调整、晋升决策或奖惩措施挂钩。它具有周期性、总结性和正式性的特点。而反馈则是一种持续性的沟通过程，旨在通过及时、具体的信息交换，帮助个体了解自身行为的影响，识别改进空间，强化有效行为，并促进成长。反馈强调的是双向互动、建设性和发展导向。

两者的根本区别在于目的与功能不同。绩效考核的最终指向是“判断”——判断员工是否达标、是否胜任、应得何种奖励或处罚。而反馈的最终指向是“发展”——帮助个体理解“为什么”以及“如何做得更好”。当管理者仅依赖绩效考核作为反馈渠道时,信息传递往往是滞后的。例如,员工在数月前的一次沟通失误,直到年终考核时才被提及,此时问题已成定局,纠正的窗口早已关闭,反馈的时效性荡然无存。

此外,绩效考核的正式性与结果关联性,容易引发员工的防御心理。当员工意识到反馈将直接影响其收入或职业前景时,他们更倾向于辩解、推诿或情绪化反应,而非开放地接受建议。这种情境下的“反馈”往往演变为一场权力博弈,而非真诚的成长对话。真正的反馈应发生在日常工作中,以非正式、低压力的方式进行,如一次会议后的简短交流、项目推进中的即时提醒,或对某个具体行为的及时肯定。

更深层次的问题在于,绩效考核通常聚焦于“结果”,而反馈则更关注“过程”与“行为”。一个项目未能按时完成,绩效考核可能仅记录“未达标”这一结果,而有效的反馈则会探讨:“在项目推进过程中,哪些环节出现了障碍?团队协作是否存在信息断层?资源调配是否及时?”通过追问过程,管理者才能真正帮助员工识别问题根源,而非仅仅给员工贴上“绩效不佳”的标签。

要走出“绩效考核即反馈”的误区,管理者必须重构对反馈的认知。首先,应将反馈视为一种日常领导行为而非年度仪式。建立定期的、非正式的沟通机制,如每周一对一交流、项目复盘会等,确保信息流动的持续性。

其次,反馈的内容应具体、客观、基于观察,避免笼统评价或情绪化指责。例如,与其说“你沟通能力有待提高”,不如说“在昨天的跨部门会议上,你打断了 3 名同事的发言,这可能让对方感到不被尊重,影响协作氛围”。

最后,反馈应以发展为导向,鼓励员工参与解决方案的制定,而非单向灌输。

总之，绩效考核是组织管理的必要工具，但它无法替代反馈在领导力发展中的独特作用。卓越的领导者懂得区分两者，并将反馈融入日常管理实践，通过持续、真诚、建设性的沟通，激发团队潜能，推动个体与组织的共同成长。

6.1.3　不要陷入“推理阶梯”的误区

“推理阶梯”是人们在观察到一些现象后，进行主观推断从而得出结论的过程。这个过程往往是无意识的，人们会基于自己的经验、价值观和偏见，对所看到的事情进行解读和判断。例如，当领导者看到员工在会议上沉默不语，可能会推断员工对这个议题不感兴趣或者没有想法，实际上员工可能只是在认真思考或者担心自己的观点不被接受。

对领导者来说，陷入“推理阶梯”的误区可能带来严重的后果。一方面，错误的判断会让员工感到不被理解和尊重，可能会影响团队的士气和凝聚力；另一方面，不当的决策可能会导致资源的浪费和目标的偏离，影响组织的发展和绩效。

领导者避免陷入推理阶梯误区的方法如图 6-1 所示。

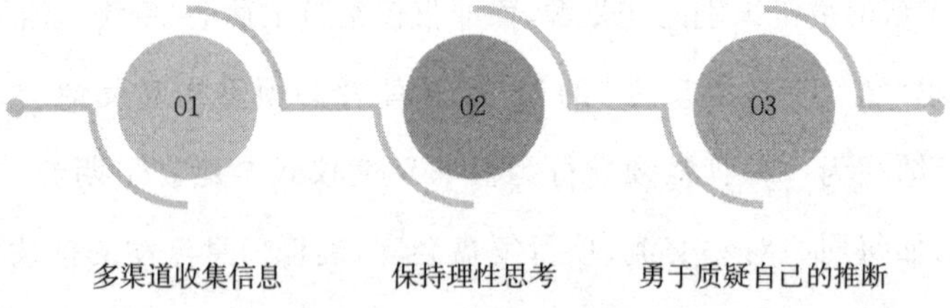

图 6-1　避免陷入“推理阶梯”误区的方法

(1)多渠道收集信息。领导者不应仅仅依赖自己的观察和直觉，而是可以通过一对一谈话、团队会议、问卷调查等方式，收集不同角度的信息。同时，也要关注非言语信息，如员工的表情、语气、肢体语言等，这些都可能透露出重要的线索。

(2)保持理性思考。面对问题,不要急于下结论,而是要冷静分析各种可能性。可以运用逻辑思维和数据分析的方法,对收集到的信息进行客观评估。同时,也要考虑到不同的因素和变量,避免片面地看待问题。

(3)勇于质疑自己的推断。不要过于自信自己的判断是正确的,而是要不断反思和审视自己的思维过程。可以邀请他人对自己的观点进行点评提出建议,从不同的角度来检验自己的推断是否合理。

总之,领导者要认识到"推理阶梯"的存在,并采取有效的措施来避免陷入这个误区,从而作出更加准确和合理的决策。

6.2 如何反馈正面信息

领导者适时给予正面反馈,能激发团队成员的积极性与创造力。简单地表达欣赏或深入地说明欣赏的原因,都能为团队注入活力。领导者应重视正面反馈,以温暖而有力的话语激发团队成员的潜能。

6.2.1 错误做法:不说任何话

在领导实践中,领导者对团队成员的积极行为保持沉默,是一种看似无害却极具破坏性的行为。许多领导者误以为不批评即等于认可,或认为表扬员工是多此一举、过于形式化,因而对下属的努力、成就或良好态度选择视而不见。然而,这种沉默并非中立,而是一种消极的沟通信号,长期积累将严重削弱团队士气、抑制主动性和创造力。

从行为心理学的角度来看，人类行为受到强化理论的影响。当某种行为得到正向反馈（如认可、奖励），该行为在未来重复出现的概率会显著提高；反之，若行为被忽视，即使它是积极的，也会逐渐消退。例如，一名员工主动加班完成关键项目，展现出高度责任感，但领导者仅简单回复“知道了”，未给予任何肯定。这种回应会让员工产生“我的努力未被看见”的认知，久而久之，他将不再愿意额外付出。

更严重的是，沉默会引发归因偏差。员工无法从领导者的沉默中推断出“默认认可”，反而可能将其解读为“不满”“冷漠”或“理所当然”。尤其是在高压或高竞争环境中，员工对认可的需求更为敏感。当正面行为得不到回应，他们会倾向于认为组织只关注错误和问题，从而调整行为策略——从追求卓越转向避免犯错。这种心态转变将直接导致团队创新力下降、主动性萎缩。

那么，为何领导者会选择沉默？常见原因包括：认为表扬没必要，担心表扬某人会引发他人嫉妒，或缺乏表达欣赏的习惯。但这些顾虑大多源于对人性与组织动力的误解。事实上，真诚的认可不是形式主义，而是情感投资；适度、公正的表扬不仅不会引发嫉妒，反而能树立榜样，激励他人效仿。关键在于表扬的具体性、及时性与公平性。

要纠正这一错误，领导者必须建立主动反馈的机制。具体措施包括：

（1）培养日常认可员工的习惯：每天用 5 分钟回顾团队成员的积极行为，及时表达肯定。

（2）使用 SBI 行为反馈模型：如“你昨天主动协助新同事熟悉流程，帮助他快速上手（情境＋行为），提升了整体效率（影响）”。

（3）表达方式多样化：口头表扬、邮件致谢、团队会议提及、给予小奖励等结合使用。

总之，领导者必须意识到：对正面行为的忽视，本质上是一种领导失职。

只有主动、及时、真诚地对正面行为表达认可,才能构建积极、高绩效的团队文化,让卓越成为常态。

6.2.2 中级做法:向对方表达欣赏

表达欣赏不是简单地夸赞一句“你很棒”,而是发自内心的认可和鼓励。对于团队成员在工作中付出的努力和取得的成果,领导者应及时表达欣赏,让他们感受到自己的价值被看到、被认可。

在某公司的一次重要项目中,小李负责市场调研部分。他不仅在规定的时间内完成了大量的数据收集和分析工作,还提出了一些极具创新性的见解。对于小李的出色表现,领导者没有仅仅停留在口头表扬上,而是专门找了一个时间与小李进行深入的交流。

领导者对小李说:“这次项目中你的市场调研工作做得非常出色。你收集的数据全面且准确,为我们后续的决策提供了坚实的基础。而且你提出的见解,让我们看到了新的思路和方向。我很欣赏你的专业能力和积极主动的工作态度。继续保持这样的状态,你一定会在未来取得更大的成就。”这样的反馈让小李备受鼓舞,他更加坚定了自己的努力方向,在后续的工作中也更加积极主动。

领导者表达欣赏可以通过公开的方式进行。在团队会议上,领导者可以特意提及表现优秀的成员,并具体说明他们的贡献和值得欣赏的地方。例如,领导者可以这样说:“在最近一个月里,小王在客户服务方面表现得非常出色。他总是能够耐心地倾听客户的需求,并及时给予解决方案。他的这种敬业精神和服务意识值得我们每一个人学习。”这样的公开表扬不仅让被表扬的小王感到自豪,也为其他团队成员树立了榜样,激励他们更加努力地工作。

此外,领导者还可以通过给予实际的奖励来表达欣赏。这可以是物质奖励，如奖金、礼品等，也可以是精神奖励，如晋升机会、荣誉称号等。例如，对于在某个项目中表现突出的团队，可以给予他们一定的奖金作为奖励，也可以为他们颁发“优秀团队”的荣誉称号。这样的奖励不仅是对他们过去努力的认可，也是对他们未来工作的激励。

总之，领导者向员工表达欣赏是反馈正面信息的中级做法。通过具体的表达、公开的表扬和实际的奖励，领导者能够让团队成员感受到自己的价值和努力被认可。

6.2.3　高级做法：表达欣赏并给出原因

当团队成员取得出色成果或展现出卓越品质和行为时，领导者不应仅限于内心认可，而应明确地表达赞赏。一句真诚的“做得非常好”或“你的表现超出了我的预期”能让团队成员感受到自己的努力和付出得到了认可和重视。这种直接的肯定能够增强团队成员的自信心，并激发他们继续维持优秀表现的动力。

然而，仅仅表达欣赏是不够的，领导者还需要说明欣赏的具体原因。这有助于团队成员更清晰地认识到自己的优势所在，并在未来的工作中更好地发挥这些优势。例如，领导者可以指出：“你在这个项目中的数据分析非常精准，为我们的决策提供了重要依据。”或者“你在团队协作中积极主动，充分发挥了自己的专业优势，帮助大家解决了很多难题。”这样的反馈不仅让团队成员知道自己做得好，还知道好在哪里。

给出欣赏的原因也是领导者对团队成员的肯定和鼓励。当员工听到领导者具体指出自己的优点和贡献时，会感到自己的努力得到了真正的认可。这种认可会进一步增强他们的工作积极性和责任感，促使他们更加努力地为团队的目标而奋斗。

此外,领导者在给出原因时,还可以结合团队的整体目标和价值观。例如,“你的创新思维与我们团队追求卓越的价值观非常契合,为我们带来了新的发展机遇。”这样的反馈能够让团队成员更加深刻地理解团队的目标和价值观,同时也让他们明白自己的行为对于实现团队目标的重要性。

在反馈正面信息时,领导者选择合适的场合,以真诚、平等的态度与团队成员交流,能让反馈更加有效。同时,及时给予反馈也非常重要,让团队成员在完成任务或展现优秀行为后尽快得到认可,能够增强他们的成就感和满足感。

6.3 如何反馈负面信息

反馈负面信息能让团队及时发现问题并改进,避免小问题演变成大危机。领导者反馈负面信息时,要区分事实和观点,确保客观准确;多关注负面信息带来的短期影响,以便迅速应对。此外,还要以利益为切入点阐述结果,让员工明白其行为对整体利益的影响,促使他们积极调整。

6.3.1 不要混淆事实和观点

事实是客观存在的,可以被证实或证伪。而观点则是个人对事实的看法、评价和判断,具有主观性。领导者在反馈负面信息时,首先要明确区分这两者。如果将观点误认为事实,可能会误导下属,让他们对问题的本质产生错误的认识。

那么，领导者避免在反馈负面信息时混淆事实和观点的方法如图 6-2 所示。

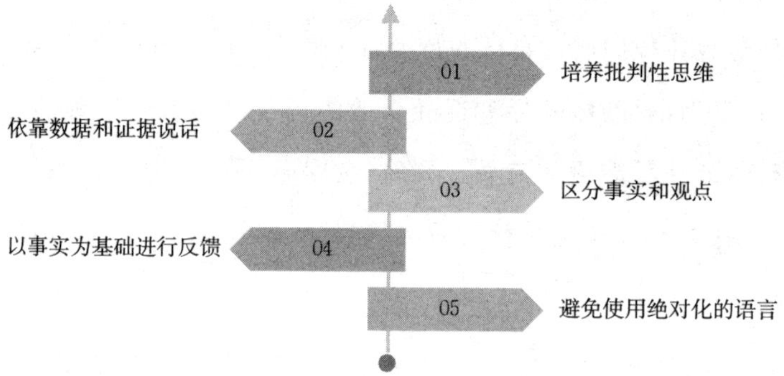

图 6-2　避免混淆事实和观点的方法

1. 培养批判性思维

面对负面情况，领导者不要急于下结论，而是要对信息进行深入分析和思考。通过自我提问，如"这个情况是基于什么证据得出的""有没有其他可能的解释"，领导者可以更加客观地看待问题，避免被主观观点所左右。

2. 依靠数据和证据说话

在反馈负面信息时，领导者应当尽可能多地引用具体的数据和事实依据。例如，项目进度滞后，可以展示具体的进度图表和时间节点，让员工清楚地看到问题所在。数据是客观的，能够减少主观观点的影响，使反馈更加准确和具有说服力。

3. 区分事实和观点

在准备反馈负面信息时，领导者需要先明确哪些是客观发生的事实、哪些是自己的主观判断。领导者可以通过具体的数据、事件的时间顺序、行为表现等来确定事实。对于观点，要认识到其主观性，并在表达时明确指出这是自己的看法，而非既定事实。

4. 以事实为基础进行反馈

在与员工沟通负面信息时,领导者应当先陈述事实,让员工清楚地了解发生了什么。例如,“你在这个项目中,有三次会议迟到了。”然后,可以询问员工对这些事实的看法和原因,而不是直接给出自己的观点。这样可以鼓励员工自我反思,也有助于领导者更好地了解员工的情况。

5. 避免使用绝对化的语言

绝对化的语言往往容易将观点伪装成事实,例如,“你总是不认真工作”“你肯定是故意犯错的”等。这些表述更多的是领导者的观点,而非事实。领导者应使用客观的语言,如“我观察到你在某些方面的表现不够认真,我们可以一起探讨一下原因。”

总之,领导者在反馈负面信息时一定要保持清醒的头脑,严格区分事实和观点。只有这样,才能做到客观公正地评价员工,有效地帮助员工改进不足,同时也能与员工保持良好的关系,为团队的发展创造更加有利的环境。

6.3.2 多关注短期影响

在给予负面反馈时,许多领导者习惯于强调长期后果,如“这样下去会破坏团队文化”。这类说法虽然出发点良好,但由于距离感强、缺乏即时关联,往往让接收者感到上纲上线,认为反馈脱离实际、小题大做。真正有效的负面反馈,应当聚焦于行为所带来的短期、具体、可感知的影响。这种做法能让问题清晰可见,使员工减少情绪对抗,提升改进意愿。

人们对眼前后果的敏感度远高于未来风险。当领导者的负面反馈能够明确指出某个行为对工作造成了什么实际困扰,员工更容易理解其紧迫性,而不是将其视为主观批评或道德审判。

要做到这一点,领导者应掌握具体的反馈结构。

（1）锁定具体行为发生的时间节点，比如“周一的客户对接会”。

（2）描述行为对他人或流程造成的直接干扰，尤其是对协作效率、客户响应或任务进度的影响。例如，“你提交的报告缺少数据来源说明，导致下游同事花了两个小时重新核对，延误了向客户汇报的时间。”这种表达方式将行为与实际工作环节紧密挂钩，使问题变得具体可感。

（3）使用“行为—影响”的反馈框架，避免对人格或态度进行评判。反馈应围绕“做了什么”和“造成了什么结果”展开，而不是上升到“你不够负责”或“你态度有问题”这类主观判断。例如，不要说“你太粗心了”，可以说“这份文件中有 3 处单位不统一，可能让客户误解我们的测算逻辑，需要在明天会议前紧急修正”。这样的表达既客观又具有建设性。

（4）通过提问引导员工自己意识到影响，如“你觉得这个延迟会不会影响客户对我们专业性的判断”或“如果每次都要额外花时间核对基础信息，团队的整体效率是否会受到影响”。这种方式能增强员工的代入感和责任感，而不是被动接受批评。

需要注意的是，负面反馈不应止于指出问题，还应提出可操作的改进建议。例如，“下次能否在提交前花 10 分钟做一次完整性检查？”这样不仅明确了期望，也体现了支持而非指责的态度。

总之，聚焦短期影响不是回避根本问题，而是提升反馈沟通效率的关键策略。它让负面反馈从“批判”转变为“协作改进”，帮助员工在不伤自尊的前提下看清行为后果，从而更愿意主动调整。

6.3.3 以利益为切入点阐述结果

优秀的领导者往往懂得以利益为切入点来阐述结果，这样不仅能够降低负面信息带来的冲击，还能引导团队成员积极面对问题，共同寻找解决方案。

首先,领导者在反馈负面信息前,要充分理解所涉及的利益关系。这包括团队的整体利益、成员的个人利益以及组织的长远利益。只有清晰地把握这些利益点,才能在反馈时有的放矢地以利益为导向进行阐述。例如,团队成员的工作出现失误导致项目进度延迟,领导者不能仅仅指出错误本身,而应该分析失误对项目的整体利益造成了哪些影响,如可能导致客户满意度下降、影响公司声誉、增加成本等。同时,也要考虑到对成员个人利益的影响,如可能影响其绩效评估、职业发展等。

其次,领导者以利益为切入点反馈负面信息时,要注重表达方式。语言应客观、中肯,避免情绪化的指责和批评。领导者可以采用"三明治"反馈法,即先肯定对方的优点和努力,然后提出负面信息及对利益的影响,最后给予鼓励和支持。这样的反馈方式既能让员工认识到问题的严重性,又能感受到领导者的关怀和期望,从而更容易接受并积极改进。

最后,领导者还应该引导团队成员共同思考解决方案,以实现利益最大化。负面信息可能使团队成员陷入沮丧和自责中,领导者应鼓励他们积极参与讨论,提出改进措施。领导者可以提出一些开放性的问题,如"我们怎样做才能降低这个问题对利益的影响""有哪些方法可以避免类似的错误再次发生"。通过共同探讨,团队成员会更加深入地理解问题的本质,也更有动力去解决问题,从而实现团队和个人利益的提升。

以利益为切入点反馈负面信息还能增强团队成员的责任感和使命感。当他们清楚地认识到自己的行为对利益的影响时,会更加自觉地规范自己的行为,提高工作质量。同时,也会更加关注团队的整体利益,积极与他人合作,共同为实现团队目标而努力。

总之,领导者在反馈负面信息时要以利益为切入点阐述结果。在这个过程中,领导者不仅展现了自己的领导能力和智慧,也为团队的持续发展奠定了坚实的基础。

第 7 章

信息共享：秘密多很难被认同

领导者积极分享信息，团队成员能更好地理解目标与方向，共同为实现愿景而努力。相反，秘密过多会导致团队成员的困惑与猜忌，削弱团队的凝聚力。领导者应明白，信息共享是建立信任、赢得认同的关键。

7.1 不要受限于“信息茧房”

“信息茧房”是阻碍决策的陷阱，领导者不应受限于此，而应积极突破自我认知的局限。沉浸在单一信息源中，便如同被困于茧内，难以洞察全局。只有勇敢地走出“信息茧房”，广泛接触不同的观点和声音，领导者才能在决策时更加睿智、全面。

7.1.1 自负影响信息流通

在组织管理中，信息是决策的血液，是协作的纽带。然而，许多团队即便拥有先进的沟通工具和明确的信息管理流程，依然存在信息流通不畅、决策迟缓、执行脱节的问题。其深层原因之一，是领导者自负。

自负的表现形式多样：有的领导者认为“只有我最懂业务”，对下属的意见充耳不闻；有的管理者坚信“我的经验最可靠”，拒绝接受新数据或外部反馈；还有的领导者习惯于信息垄断，将掌握关键信息视为权力来源，不愿与他人分享。这些行为背后，是一种对自身判断的过度自信和对他人能力的低估。

1. 自负对信息流通的影响

当自负成为组织文化的一部分,信息流通便会严重受阻。

首先,信息向上流动受阻。基层员工发现自己的观察和建议不被重视,久而久之便选择沉默,导致领导者无法获取一线真实情况。

其次,信息在横向协作中也会被割裂。部门之间因“谁更专业”的隐性竞争,不愿共享信息或进展,造成重复劳动和资源浪费。

更严重的是,信息的单向控制会抑制创新。创新往往源于不同信息的交叉碰撞,而领导者自负带来的信息封闭,使员工的创新性被抑制。

2. 避免陷入自负的方法

想要避免陷入自负的误区,领导者需进行系统性的认知调整与机制设计。

(1)保持“认知谦逊”。这意味着领导者承认自己并非全知全能,愿意倾听不同声音,尤其是反对意见。具体做法包括:在会议中主动邀请资历较浅的成员发言;设立“红队机制”,指定专人挑战主流观点;定期向下属征求对自己决策的反馈,并公开回应。

(2)营造开放的沟通文化。领导者应该鼓励团队成员畅所欲言,分享不同的观点和信息。可以通过定期的团队会议、匿名反馈渠道等方式,营造一个开放和包容的沟通环境。

(3)建立信息验证机制,而非信息审批机制。许多组织的信息流通受阻,是因为设置了过多审批环节,实质是领导者对他人判断的不信任。应改为:信息快速共享,决策前进行多轮验证。例如,项目进展不再由负责人批准后发布,而是实时更新在共享平台,所有人可查阅、质疑、补充。通过集体智慧修正偏差,而非依赖单一权威把关。

(4)定期进行信息审计。领导者应定期检查:哪些信息只在小范围流通?哪些决策缺乏数据支持?哪些团队经常事后才知道?通过复盘信息断点，识别自负导致的盲区，并针对性改进。

领导者自负会导致信息变成权力的工具，而非决策的依据。当领导者放下“全知”的执念，信息才能如活水般在组织中自由流动，为团队共识的形成与创新的涌现奠定基础。

7.1.2 控制模式进入瓶颈期

控制模式是一种领导者通过严格的规则、流程和监督来管理团队和组织的方式。在这种模式下，领导者对各项事务有着高度的掌控权，决策权往往集中在高层，员工的行动受到明确的规范和限制。

控制模式在一定时期内能够发挥积极作用。它可以确保组织的运行遵循既定的方向，减少不确定性和风险。通过明确的指令和监督，工作的效率和质量在短期内可以得到保障。例如，在项目的关键阶段，严格的控制可以确保各项任务按时完成，避免出现混乱和失误。

然而，随着时间的推移，控制模式容易进入瓶颈期。

一方面，过度的控制会抑制员工的创造力和主动性。在严格的规则下，员工往往只是被动地执行任务，缺乏创新的动力和空间。这可能导致组织在面对新的挑战和机遇时反应迟缓，无法及时调整和创新。

另一方面，随着组织的发展和环境的变化，控制模式可能变得过于僵化，难以适应复杂多变的情况。领导者可能会陷入烦琐的监督和管理事务中，而无法专注于战略规划和发展方向。

领导者破除控制模式瓶颈期的方法如图 7-1 所示。

1. 转变思维方式

领导者需要转变思维方式，从单纯的控制者转变为引导者和赋能者，给予员工更多的自主权和决策权，鼓励他们发挥创造力和主动性。领导者应

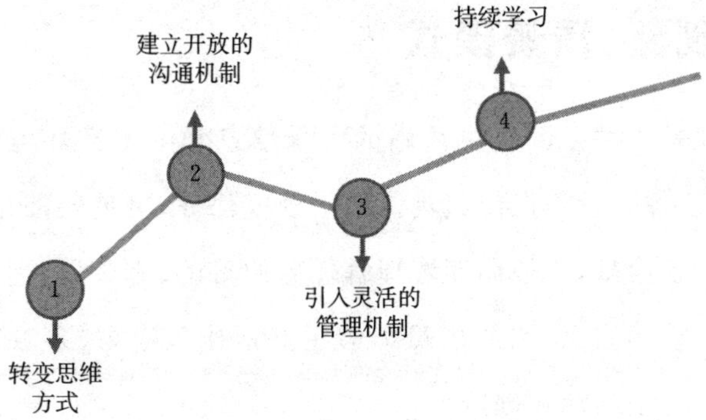

图 7-1　破除控制模式瓶颈期的方法

相信员工的能力,让他们在一定的框架内自主地探索和尝试新的方法和途径。通过激发员工的内在动力,提高团队的创新能力和适应能力。

2. 建立开放的沟通机制

领导者应当鼓励员工提出不同的意见和建议,倾听他们的声音。领导者要放下架子,与员工进行平等的交流和互动,共同探讨问题的解决方案。开放的沟通可以打破信息壁垒,促进知识的共享和创新的产生。

3. 引入灵活的管理机制

领导者不应拘泥于固定的规则和流程,而应根据实际情况进行调整和优化。例如,可以采用敏捷管理的方法,以小团队、快速迭代的方式推进项目,提高组织的响应速度和灵活性。

4. 持续学习

领导者要不断学习和提升自己,适应变化的环境,掌握新的管理理念和方法。通过自身的成长和进步,领导者可以引领组织走出瓶颈期,迈向新的发展阶段。

总之,当控制模式进入瓶颈期时,领导者需要勇敢地进行变革和创新。通过转变思维方式、建立开放沟通机制、引入灵活管理机制和不断学习提升自己,破除瓶颈,带领组织在充满挑战的时代中持续发展。

7.1.3 创新:情景模式

情景模式是一种强调提供清晰的背景信息和上下文环境的管理方式。在这种模式下,领导者不仅传递具体的指令或任务,更重要的是为团队成员提供足够的背景信息,使他们能够理解任务的目的、意义以及与整体战略的关系。基于丰富的信息,团队成员能够更好地作出决策、采取行动,并在工作中发挥更大的主动性和创造力。

对领导者来说,运用情景模式实现信息共享可以从四个方面入手,如图 7-2 所示。

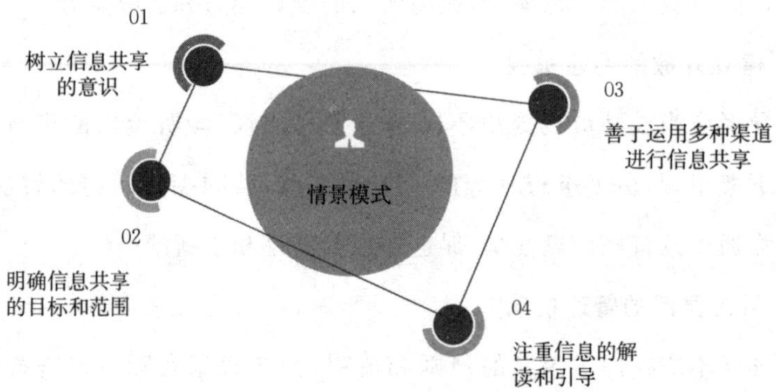

图 7-2 运用情景模式实现信息共享的方法

(1)领导者要树立信息共享的意识。领导者应认识到信息共享不是可有可无的选项,而是推动组织发展和提升团队绩效的关键因素。领导者应该打破传统的信息垄断观念,将信息视为组织的共同财富,积极主动地与团队成员分享。只有领导者以身作则,对信息共享展现出重视和积极的态度,才能带动整个团队形成良好的信息共享氛围。

(2)领导者需要明确信息共享的目标和范围。具体而言,就是要确定哪些信息是需要共享的,以及共享这些信息的目的是什么。这可以帮助领导者有针对性地收集、整理和传递信息,避免信息过载和混乱。例如,与团队成员分享企业的战略规划、市场动态、客户反馈等信息,可以让他们更好地理解工作的方向和重点,从而作出更符合组织利益的决策。

(3)领导者要善于运用多种渠道进行信息共享。除了传统的会议、邮件等方式,还可以利用即时通信工具、在线协作平台等新兴技术手段,提高信息共享的效率和及时性。同时,领导者还可以通过组织内部培训、交流活动等形式,促进团队成员之间的信息交流和互动,进一步丰富信息的来源和内容。

(4)领导者要注重信息的解读和引导。在提供信息的同时,领导者还应该对信息进行解读和分析,帮助团队成员理解信息的含义和价值。对于复杂的信息,领导者可以通过案例分析、故事讲述等方式,使其更加生动形象、易于理解。同时,领导者还要引导团队成员正确地运用信息,避免因信息误解或误用而导致错误的决策和行动。

总之,情景模式为领导者实现信息共享提供了一种有效的方法。通过树立信息共享意识、明确目标和范围、运用多种渠道、注重解读和引导,领导者可以充分发挥情景模式的优势,促进信息在组织内高效流通与共享。

7.2 信息共享的三种方法

信息的有效流通能提升团队效率、激发创新。领导者可采用三种方法实现信息共享:点对点式信息共享促进直接交流与协作;集中管理式信息共享确保信息的统一规范与高效分发;综合式信息共享则融合前两者优势,实现更全面、灵活的信息流通。

7.2.1 方法一：点对点式信息共享

在传统的层级式信息传递模式中，信息往往需要经过多个环节才能到达最终的接收者，这不仅浪费时间，还容易导致信息失真和延误。而点对点式信息共享则可以直接将信息从一个人传递给另一个人，大大缩短了信息传递的路径，提高了信息的时效性。领导者可以通过与员工进行点对点的交流，及时了解一线工作的情况，掌握最新的市场动态和客户需求，从而作出更加准确和及时的决策。

通过与员工进行直接的交流和互动，领导者可以更好地了解员工的需求和期望，为他们提供有针对性的支持和帮助。同时，领导者还可以通过分享自己的经验和见解，传递组织的价值观和文化，引导员工树立正确的工作态度和行为方式。这种双向的信息交流可以增强领导者与员工之间的信任和合作关系，提高领导者的影响力和号召力。

想要实现点对点式信息共享，领导者需要注意三点，如图 7-3 所示。

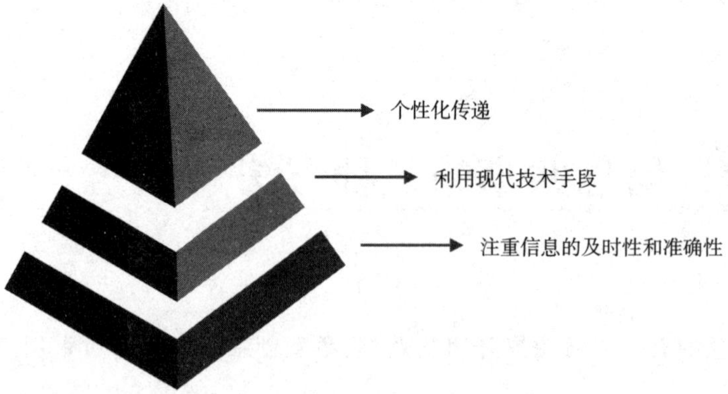

图 7-3 点对点式信息共享的要点

1. 个性化传递

领导者要根据不同成员的特点和需求进行个性化的信息共享。每个团队成员都有自己独特的工作风格、能力水平和发展目标。领导者可以针对成员的具体情况,分享与其工作相关的行业动态、专业知识和成功案例,帮助他们提升业务能力、拓宽视野。同时,对于成员在工作中遇到的问题,领导者可以提供针对性的解决方案和建议,促进他们成长和进步。

2. 利用现代技术手段

随着信息技术的飞速发展,各种沟通工具如即时通信软件、视频会议平台等为领导者与成员之间的点对点交流提供了便利。领导者可以灵活运用这些工具,随时随地与成员沟通,及时分享重要信息和反馈意见。同时,借助在线协作平台,领导者可以与成员共同编辑文档、分享资源,提高工作效率和协同能力。

3. 注重信息的及时性和准确性

在点对点式信息共享中,领导者要及时回复团队成员的问题和请求,确保信息的流通速度。同时,领导者也要对共享的信息进行严格的筛选和审核,确保信息的准确性和可靠性。只有这样,才能让团队成员信任领导者提供的信息,从而更好地发挥信息的作用。

通过点对点式信息共享,领导者可以激发团队成员的创新能力。在与团队成员的交流中,领导者可以鼓励他们提出新的想法和建议,分享自己的创新经验和案例。同时,领导者也可以为团队成员提供创新的平台和资源,支持他们进行创新实践。通过这种方式,能够营造出良好的创新氛围,提高团队的创新能力。

7.2.2 方法二:集中管理式信息共享

集中管理式信息共享是通过建立统一的信息中枢,实现关键数据、文档和决策的集中化管理,确保信息的一致性、可追溯性和可访问性,是现代组织迈向规范化与透明化运营的重要一步。

集中管理式信息共享的核心在于单一信息源，即所有重要信息，如项目进度、客户资料、财务数据、战略规划等都存储在指定的、权威的平台上，而非分散在个人电脑、微信群或邮件附件中。任何人需要获取信息，都应从该平台调取，避免因信息版本不一导致误解或重复劳动。例如，一个产品开发团队若将需求文档、原型图、测试报告全部集中于企业知识库或项目管理工具（如 Confluence、飞书文档、Notion），所有成员便能实时掌握最新进展，减少沟通成本。

要有效实施集中管理式信息共享，必须解决三个关键问题：平台选择、权限设计与员工使用习惯。

(1)平台选择应兼顾功能与易用性。理想的集中管理平台应具备文档协作、版本控制、搜索功能、权限分级和集成能力。例如，使用企业级云文档系统，支持多人实时编辑、历史版本回溯、评论反馈等功能，能显著提升协作效率。同时，平台应能与现有系统（如 CRM、ERP、OA）打通，实现数据自动同步，避免手动录入错误。

(2)权限设计需平衡安全与开放。并非所有信息都应对全员开放，但也不能过度限制。应根据信息敏感度和岗位职责设定分级权限，例如，财务报表可仅限管理层查看，而项目计划则对相关团队完全透明。关键在于建立清晰的权限规则，并定期审计，防止形成信息孤岛。

(3)推动员工使用习惯的转变。许多组织虽部署了先进平台，但员工仍习惯私下沟通或保存本地文件。为此，领导者必须以身作则，坚持在平台上发布信息、发起讨论，并将平台使用纳入工作流程。例如，规定“所有会议纪要必须在 24 小时内上传至知识库”“项目启动前需在系统中完成信息登记”等。同时，通过培训、激励机制（如评选“信息贡献之星”）强化行为习惯。

集中管理式信息共享需配套定期的信息维护机制，包括文档的定期审核、归档与清理，避免信息垃圾堆积。可指定信息管理员或由团队轮值负责内容更新，确保信息始终准确有效。

集中管理式信息共享要求领导者打破信息即权力的旧思维，推动组织从“人找信息”向“信息找人”转型。当信息真正成为公共资源而非个人资产，组织的响应速度、决策质量和创新能力都将得到显著提升。

7.2.3 方法三：综合式信息共享

综合式信息共享是指领导者通过整合多种信息渠道和共享方式，打破传统的信息壁垒，实现信息在不同部门、不同层级之间的自由流动和广泛共享。它并非单一的共享模式，而是融合了多种方法和技术，以适应不同的组织需求和情境。

综合式信息共享的核心是“因地制宜”：不同信息适用不同路径。例如，紧急事务可通过即时通信工具快速点对点传达；战略规划则需在集中平台发布并组织专题讨论；跨部门协作项目则可结合线上文档共享与定期同步会议。通过分层分类的策略，既能保证效率，又能确保透明与留存。

要实现综合式信息共享，领导者需要把握以下要点：

1. 对信息进行分类管理

可将信息划分为三类：

(1)事务性信息：如临时通知、日程变更，适合点对点或群组快速传递。

(2)结构性信息：如制度文件、项目计划、客户档案，应集中存储，确保权威性。

(3)动态性信息：如项目进展、市场反馈，需及时更新并多向互动，适合采用协作平台结合定期会议的方式。

2. 建立信息流转规则

明确每类信息的发布渠道、更新频率、责任人和查阅权限。例如，所有项目里程碑变更必须在项目管理系统中更新，并@相关方；重大客户投诉需在2小时内通过“邮件＋电话”双渠道通报，并在知识库中归档处理记录。这种规则化流程能减少随意性，提升信息传递的可靠性。

3. 利用技术工具实现多模式融合

现代协作平台(如企业微信、飞书、钉钉)支持文档、聊天、日历、审批、视频会议一体化，为综合式信息共享提供了技术基础。组织应充分利用这些功能，避免工具割裂。例如，在飞书文档中直接@同事评论，系统会自动推送消息提醒；会议结束后，纪要可一键生成并关联至相关项目任务。这种无缝衔接极大提升了信息流动的流畅度。

在综合式信息共享中，领导者需扮演信息枢纽的角色，主动整合与分发信息。例如，在收到一线市场反馈后，领导者不仅将其转发给产品团队，还应提炼关键洞察，补充背景信息，再发布至共享平台，帮助更多人理解其价值。此外，还应定期评估信息共享效果，可通过员工调研、流程审计、项目复盘等方式，识别信息断点或冗余环节，持续优化信息共享策略。

7.3 领导者如何推动信息共享

领导者需要积极推动信息共享。通过建立信息共享机制，可以促进组织内信息快速、准确传递，提升决策效率。打造信息基础平台，能为信息共享提供技术支撑，使信息存储、管理和检索更便捷。领导者应重视信息共享，通过建立机制、打造平台等方式，让信息在组织内充分流动。

7.3.1 建立信息共享机制

信息共享是实现从分工到协同转变的基础。领导者想要建立信息共享机制,可以参考图 7-4 所示的方法。

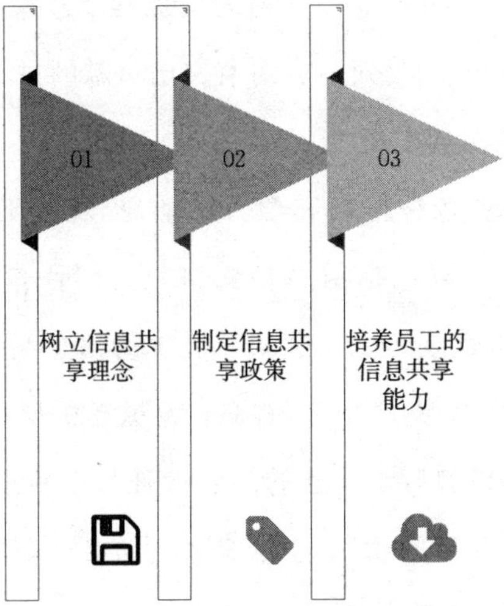

图 7-4 建立信息共享机制的方法

1. 树立信息共享的理念

领导者自身必须深刻认识到信息共享的重要性,将其作为组织发展的战略重点。只有领导者真正重视信息共享,才能在组织中营造出积极的信息共享氛围。领导者可以通过参加培训、阅读相关书籍和文章等方式,不断提升自己对信息共享的认知水平。

同时,领导者还应在各种场合强调信息共享的价值,引导员工树立正确的信息共享观念。例如,谷歌公司一直强调信息共享的重要性,员工可以自由访问公司内部的大量信息资源,这使得团队之间能够更好地协作,共同推进项目。

2. 制定信息共享政策

领导者应制定一套详细的信息共享政策,明确规定哪些信息可以共享、哪些信息不能共享以及信息共享的方式和流程。政策应涵盖组织内各个部门和岗位，确保信息共享的全面性和规范性。

此外，政策还应包括信息安全保障措施，防止信息泄露和滥用。通过制定明确的政策，领导者可以为信息共享提供制度保障，使员工在共享信息时有章可循。例如，3M 公司制定了完善的信息共享政策，鼓励员工将自己的创新成果与其他部门分享，公司也会对有突出贡献的员工进行表彰和奖励。

3. 培养员工的信息共享能力

领导者应组织开展各种培训和学习活动，提高员工的信息素养和信息共享能力。培训内容可以包括信息检索、信息分析、信息表达等方面的技能，以及团队协作和沟通技巧。通过培养员工的信息共享能力，领导者可以让员工更好地参与到信息共享中来，提高信息共享的质量和效果。

合理的信息共享机制对于企业的高效管理与创新进步至关重要。领导者需要深刻理解信息共享的价值，并依据企业的具体状况，创建一个科学、合理且易于执行的信息共享体系。

7.3.2 打造信息基础平台

在一个组织中，信息的流通如同血液的流动，只有顺畅无阻，才能保证组织的健康运转。信息基础平台能够整合各类信息资源，打破部门之间的信息壁垒，实现信息的快速共享和高效利用。这不仅有助于提高决策的准确性和及时性，还能激发员工的创新思维，促进组织的持续发展。

那么，领导者如何打造信息基础平台？

(1)收集外部信息。领导者要保持敏锐的洞察力，关注行业动态、市场趋势以及竞争对手的情况。领导者可以通过订阅专业期刊、参加行业会议、与合作伙伴交流等方式，广泛收集外部信息。

(2)组建专业团队。打造信息基础平台需要一个具备专业技能的团队，包括信息技术专家、数据分析师、用户体验设计师等。领导者要选拔优秀的人才，明确团队的职责和分工，确保平台的建设和维护工作顺利进行。

(3)选择合适的技术方案。领导者要根据组织的实际需求和预算，选择可靠、先进的技术方案。这包括数据库管理系统、云计算平台、数据分析工具等。同时，要考虑平台的可扩展性和兼容性，以适应未来的发展需求。例如，某金融机构的领导者在打造信息基础平台时，选择了成熟的云计算技术，既降低了成本，又提高了平台的稳定性和安全性。

(4)设计用户友好的界面。信息基础平台的界面应该简洁、直观，方便用户操作。领导者要注重用户体验，听取用户的反馈意见，不断优化平台的界面设计。例如，一家互联网公司的领导者在设计信息基础平台时，充分考虑用户需求，采用简洁明了的界面布局和便捷的搜索功能，大大提高了用户的使用满意度。

总而言之，对企业来说，信息基础平台具有重大意义。它可以提升企业的核心竞争力，使企业在激烈的市场竞争中脱颖而出。

7.3.3 张一鸣是如何成为共享型领导者的

共享型领导者是指那些善于与团队成员分享权力、信息和资源，鼓励员工积极参与决策和创新，以实现共同目标的领导者。他们不再是传统意义上高高在上的指挥者，而是与团队共同成长、共同进步的伙伴。

张一鸣作为字节跳动的创始人，无疑是一位杰出的共享型领导者。他以卓越的领导才能和创新精神，带领字节跳动在全球范围内取得了巨大的成功。

张一鸣注重与团队成员共享权力。在字节跳动，决策并非由高层领导独断专行，而是充分听取团队成员的意见和建议。张一鸣鼓励员工勇于表达自己的想法，积极参与公司的决策。他相信，只有让员工充分发挥自己的才能，公司才能实现持续发展。这种共享权力的领导方式，不仅激发了员工的工作积极性和创造力，也提高了决策的科学性和合理性。

信息共享是张一鸣领导风格的重要特点。在字节跳动，信息流通顺畅，员工可以随时了解公司的发展动态和业务进展。张一鸣认为，信息共享可以让员工更好地理解公司的战略和目标，从而更好地为实现这些目标而努力。同时，信息共享也有助于提高团队协作效率，避免信息不对称带来的误解和矛盾。

张一鸣还倡导资源共享。在字节跳动，各种资源，包括技术、人才、资金等，都得到了充分的共享和利用。张一鸣鼓励团队成员之间相互学习、相互帮助，共同提高。他相信，只有通过资源共享，才能实现资源的最大化利用，提高公司的整体竞争力。

此外，张一鸣还注重团队的建设和培养。他认为优秀的团队是公司成功的关键，因此他投入大量的时间和精力培养员工，提升团队的整体素质。他通过培训、交流和合作等方式，促进员工之间的相互学习和成长，打造了一个富有战斗力和凝聚力的团队。

总之，张一鸣以其共享型的领导风格，为字节跳动的发展注入了强大的动力。他的成功经验告诉其他领导者，在当今时代，共享型领导者能够更好地激发员工的潜力，促进团队的协作和创新，实现企业的可持续发展。

第 8 章

人才激励：引爆团队执行力

激励能够极大地调动人才的积极性和创造力，进而引爆团队执行力。当领导者给予人才恰当的激励，如物质奖励、精神鼓励等，他们会更加投入地工作，主动承担责任，以更高的效率完成任务。

8.1 所有领导者都要懂激励

所有领导者都应懂得激励，认真思考需要激励哪些员工。通过激励，能充分调动员工的积极性，提升工作效率。同时，领导者可以在内部实施竞争机制，激发员工的竞争意识。这不仅能促进员工个人成长，也能推动企业整体发展。

8.1.1 思考：你要激励哪些员工

激励正确的员工能够给组织带来深远的积极影响。一方面，被激励的员工会更加投入地工作，提高工作效率和质量，为实现组织目标贡献更多的力量；另一方面，也能在团队中树立榜样，激发其他员工的积极性和竞争意识。

领导者需要激励的员工类型如图 8-1 所示。

1. 表现出色、业绩突出的员工

那些表现出色、业绩突出的员工无疑是激励的重点对象。例如，在一家

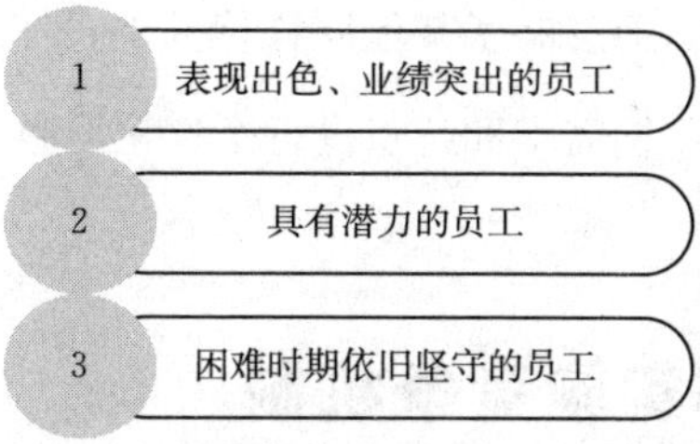

图 8-1 领导者需要激励的员工类型

销售公司中,销售人员小李每个月都能超额完成销售任务,并且在客户服务方面也做得非常出色。对于这样的员工,领导者应该及时给予肯定和奖励,如晋升、奖金、荣誉称号等。这不仅是对小李个人努力的认可,也向其他员工传递了一个明确的信号:只要努力工作,就会得到回报。

2. 具有潜力的员工

这类员工可能目前的业绩并不是最突出的,但他们具备良好的学习能力、创新精神和积极的工作态度。领导者可以通过提供培训机会、挑战性的工作任务等方式激励他们,帮助他们快速成长。例如,在一家科技企业中,年轻的工程师小王虽然工作经验不足,但他对新技术充满热情,并且经常提出一些有创意的想法。领导者发现了小王的潜力后,安排他参与重要的研发项目,并为他提供专业培训。在领导者的激励下,小王迅速成长,为企业的技术创新作出重要贡献。

3. 困难时期依旧坚守的员工

在困难时期坚守岗位、默默奉献的员工也不能被忽视。他们或许没有耀眼的业绩,但他们的忠诚和稳定对组织的正常运转至关重要。在经济不景气的时候,企业可能面临诸多困难,一些员工选择离开,但也会有一批员工始终坚守岗位,与企业共渡难关。领导者应该对这类员工表示感激和敬意,给予适当的激励,如物质奖励、带薪休假等,以增强他们的归属感和忠诚度。

领导者在激励员工时也需要注意公平公正，不能因为个人喜好或偏见而只激励某些特定的员工，而忽略了其他同样优秀的员工。同时，激励方式也应该多样化，根据员工的不同需求和特点进行个性化的激励。

8.1.2 在内部实施竞争机制

内部竞争机制能够为员工创造一个充满活力和挑战的工作环境。当员工意识到自己处于竞争中时，他们会更加努力地工作，以展现自己的能力和价值。这种竞争可以激发员工的斗志，促使他们不断超越自我、追求卓越。同时，内部竞争也有助于打破舒适区，让员工勇于尝试新的方法和思路，从而超越自我。

领导者实施内部竞争机制的方法如图 8-2 所示。

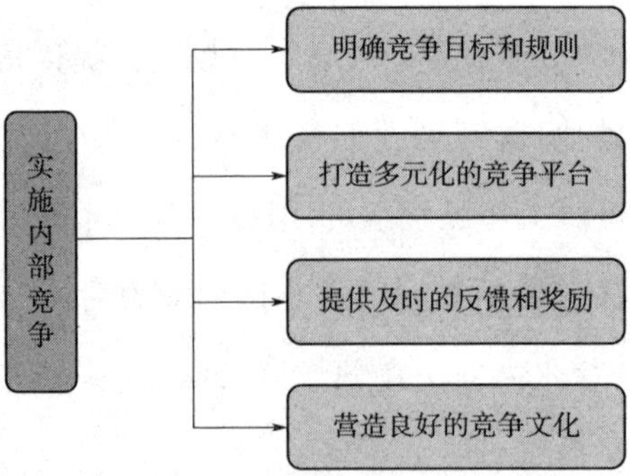

图 8-2　领导者实施内部竞争机制的方法

（1）明确竞争目标和规则。领导者需要确定清晰的竞争目标，这些目标应该与企业的战略目标相一致。例如，可以设定销售额增长、客户满意度提升、项目完成时间缩短等目标。同时，制定公平、公正、透明的竞争规则，确保每个员工都有平等的机会参与竞争。规则应包括竞争的范围、评判标准、奖励措施等方面，让员工清楚地知道自己应该努力的方向和可以获得的回报。

(2)打造多元化的竞争平台。领导者可以根据不同的工作岗位和业务需求,打造多种形式的竞争平台。例如,销售部门可以开展销售业绩竞赛,技术部门可以进行创新项目评比,客服部门可以进行服务质量竞赛等。通过打造多元化的竞争平台,不同岗位的员工都能找到发挥自己优势的机会,从而提高员工的参与度和积极性。

(3)提供及时的反馈和奖励。在竞争过程中,领导者要及时对员工的表现进行反馈,让他们知道自己的优势和不足,以便及时调整策略。同时,对于表现优秀的员工,要给予及时的奖励和表彰。奖励不仅可以激励获奖者继续努力,还可以为其他员工树立榜样,激发他们的竞争意识。

(4)营造良好的竞争文化。内部竞争机制的实施需要一个良好的竞争文化氛围作为支撑。领导者要倡导积极健康的竞争观念,鼓励员工在竞争中相互学习、相互合作,而不是恶意竞争。同时,要关注员工的心理健康,避免过度竞争给员工带来压力和焦虑。领导者可以通过组织团队活动、开展培训等方式,增强员工之间的沟通和信任,营造一个团结和谐、积极向上的工作氛围。

总之,领导者需要不断寻求激励员工的有效方法。其中,实施内部竞争机制就是一种能够充分激发员工潜能、提高工作效率和推动企业发展的重要策略。

8.1.3 任正非是如何激励近20万员工的

华为作为一家全球知名的科技企业,以卓越的技术创新和强大的市场竞争力而备受瞩目。华为拥有近20万名员工,如此庞大的员工队伍,如何保持高度的凝聚力和战斗力?任正非以其独特的领导智慧和激励方式,给出了答案。

任正非以远大的愿景激励员工。他为华为设定了宏伟的愿景——把数字世界带入每个人、每个家庭、每个组织，构建万物互联的智能世界。这一愿景让员工认识到，他们的工作不仅仅是为了获得薪水，还是在做一项伟大的事业，并为人类科技进步作出贡献。在这一愿景的感召下，员工充满了使命感和责任感，愿意为了实现公司的目标而不懈努力。

物质激励是任正非激发员工积极性的关键方式之一。华为实施了一套具有竞争力的薪酬体系和股权激励计划。员工的努力能够获得相应的回报，而表现杰出的员工甚至可以通过股权激励成为公司的股东，共同分享公司成长的果实。这种物质激励机制极大地提升了员工的工作热情和创新精神，使他们在工作中更加专注和投入。

任正非还重视精神激励的作用。他推崇艰苦奋斗的企业文化，激励员工敢于挑战、不惧困难。华为的“垫子文化”正是这种精神的具象化，员工为了达成工作目标，有时甚至在办公室打地铺。任正非也经常表彰和奖励那些在工作中表现卓越的员工，让他们感受到自己的价值被认可。这种精神激励策略激发了员工的斗志，使他们愿意为公司的进步贡献更多的力量。

此外，任正非还为员工提供了广阔的发展空间。华为重视人才培养，为员工提供了丰富的培训和晋升机会。员工可以通过不断学习提升自己的能力，在公司中获得更好的发展。广阔的发展空间激励着员工不断进步，追求卓越。

任正非以其独特的激励之道，激发了华为近20万名员工的潜能，让他们为公司的发展贡献了自己的力量。在他的领导下，华为不断创新，勇攀高峰，成为全球科技领域的佼佼者。

8.2 物质激励模式

在众多激励方式中,许多领导者都选择采用物质激励,如多劳多得、发放奖金和福利等。众多实践证明,物质激励成效显著;多劳多得鼓励员工积极付出,提升工作效率;发放奖金能及时肯定员工的突出表现,激发他们的竞争意识;而福利则给予员工温暖与关怀,增强归属感。

8.2.1 多劳多得是第一关键点

在企业管理中,激励机制是提升员工积极性和工作效率的重要手段。其中,多劳多得作为一种核心的激励原则,被广泛应用于各类企业中。这一原则的核心在于,员工的付出与回报成正比,从而激发员工的工作动力。

要实现真正的多劳多得,不能停留在口号层面,而必须建立科学、透明、可量化的激励机制。

(1)明确“劳”的定义,建立可衡量的绩效指标体系。多劳不能简单理解为工作多或任务多,而应聚焦于价值创造。领导者需根据不同岗位的特点,设定关键绩效指标(KPI)或目标与关键成果(OKR)。例如,销售人员的绩效指标为回款额、客户增长,研发人员的绩效指标为项目交付质量、技术创新贡献等。指标应具体、可量化、可验证,避免主观评价。

(2)强化“得”与“劳”的直接挂钩。奖金、提成、分红等物质回报必须与绩效结果强关联。例如,销售提成应按回款阶梯式递增,高业绩者获得更高的收益;项目奖金应在任务完成后尽快发放,避免拖延削弱激励效果。此外，差距要“看得见”——高贡献者收入明显高于平均水平，才能形成有效激励。

(3)打破职级固化，让贡献者即使职级不高也能获得高回报。设立贡献型奖励，如卓越绩效奖、创新突破奖，允许低职级员工因突出表现获得远超同级的奖金。华为的“获取分享制”正是如此：项目利润按贡献分配，一线作战单元可获得远高于后台的支持激励。

(4)公开激励规则，增强透明度与信任感。将奖金计算方式、发放标准在团队内部公开，避免“暗箱操作”引发猜疑。例如，每月公布业绩排名与对应奖金区间，让所有人看到努力与回报的对应关系。

(5)防止“多劳”演变为“过劳”，关注可持续性。多劳多得不等于加班。领导者需关注工作负荷，确保激励机制不以牺牲员工健康为代价。可通过设置合理目标、优化资源配置、引入弹性激励(如超额部分加倍奖励)等方式，引导员工高效工作。

总之，多劳多得不是简单的利益分配原则，而是组织价值导向的体现。它告诉员工：你的努力会被看见，你的贡献会被回报。当这一机制真正落地，员工将从被动执行转向主动创造，形成持续奋斗的正向循环。

8.2.2 发对奖金，效率翻倍

奖金不仅是对员工努力工作的认可和回报，还是激发员工积极性、提升工作效率的有效手段。当员工的付出能够得到实实在在的物质奖励时，他们会更加充满动力地投入工作。

河南某矿山集团的董事长就是善于运用奖金激励的领导者。

每年的三八妇女节，他都会给女员工发 800 元红包，并叮嘱要用到自己身上。这一小小的举动，不仅体现了对女员工的关爱，还让她们感受到自己在企业中的价值。在炎热的夏天,他为员工发放防暑补贴,关心员工的身体健康。

作为产粮大省的河南,每到收小麦的季节,他要求全体员工回家收小麦,不仅给员工放假,还每人发放600元现金。这种人性化的举措,让员工能够在农忙时节兼顾家庭和工作,极大地增强了员工的归属感和忠诚度。

2024年底,他准备了1亿多元现金作为员工的年终奖金。这不仅在企业内部引起了巨大的轰动,也在社会上引起了广泛的关注。该集团的规模日益壮大,2024年实现了销售额超过100亿元的壮举,其产品更是远销至全球122个国家。

领导者发放奖金是一种有效的激励手段,可以极大地提高员工的工作效率和积极性。在发放奖金时,领导者需要注意四点,如图8-3所示。

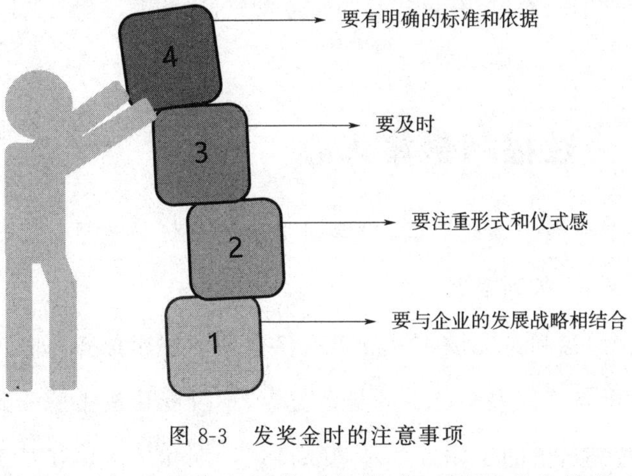

图8-3 发奖金时的注意事项

(1)奖金发放要与企业的发展战略相结合。领导者发放奖金是为了激励员工,从而推动企业的发展。因此,奖金的发放应该与企业的发展目标和战略方向相一致,鼓励员工为实现企业的长远目标而努力奋斗。

(2)奖金发放要注重形式和仪式感。领导者可以将奖金垒成一面墙,营造出一种震撼的视觉效果,让员工深刻感受到企业对他们的重视和认可。

在发放奖金时，领导者可以举行隆重的仪式，邀请员工家属参加，让员工在家人的见证下获得荣誉和奖励，进一步增强他们的自豪感和责任感。

(3)奖金发放要及时。员工在工作中取得了成绩，领导者应该及时给予奖励，这样可以增强员工的成就感和满足感，激发他们继续努力工作的动力。如果奖金发放拖延太久，员工的积极性可能会受到影响。

(4)奖金发放要有明确的标准和依据。不能凭领导者的个人喜好或一时兴起发放奖金，而应该根据员工的工作表现、业绩贡献等客观因素来确定奖金的数额。这样可以确保奖金的公平性和合理性，让员工感到自己的努力得到了公正的评价和回报。

综上所述，领导者要善于运用奖金激励这一手段，激发员工的工作热情和创造力，提高企业的核心竞争力。以关爱员工为出发点，以推动企业发展为目标，通过合理、及时、有仪式感的奖金发放，让员工与企业共同成长。

8.2.3 通过福利聚集人心

福利并非仅限于物质层面，更是对员工的关怀与尊重。领导者可以从多个方面着手，以福利凝聚人心。

首先，健康福利是关键。为员工提供全面的健康保障，如定期的体检、健身设施的配备等。关心员工的身体健康，不仅能让员工感受到领导者的关爱，还能提高员工的工作效率和忠诚度。定期体检可以让员工及时了解自己的身体状况，做到早发现、早治疗，消除健康隐患。而健身设施则为员工提供了在工作之余锻炼身体的机会，能够使员工缓解工作压力，保持良好的身心状态。

其次，灵活的工作福利能极大地提升员工的满意度。允许员工灵活安排工作时间和地点，员工可以更好地平衡工作与生活。在当今快节奏的生活中,员工往往面临家庭、社交等多方面的压力。给予员工一定的工作灵活性,让他们能够在不影响工作的前提下更好地处理个人事务,员工会对领导者和企业充满感激之情。这种信任和自由也会激发员工的创造力和工作积极性,为企业带来更多的价值。

再次,学习与发展福利也是吸引和留住人才的重要手段。为员工提供培训机会、学习资源和职业发展规划,让他们在工作中不断成长和进步。领导者可以组织内部培训、邀请行业专家举办讲座,或者资助员工参加外部培训和学术会议。通过这些方式,员工能够不断提升自己的专业技能和综合素质,为个人的职业发展打下坚实的基础。同时,也让员工感受到企业对他们的重视和投资,从而增强归属感和忠诚度。

最后,团队建设福利也不可或缺。组织丰富多彩的团队活动,如户外拓展、聚餐、旅游等,可以增强团队的凝聚力和协作效率。在这些活动中,员工可以放松心情,增进彼此之间的了解和信任,建立良好的人际关系。这种团队氛围会让员工更加热爱自己的工作,愿意为团队的共同目标而努力奋斗。

总之,领导者通过福利聚集人心是一种智慧的领导方式。健康福利、灵活工作福利、学习发展福利和团队建设福利等,都可以让员工感受到领导的关爱和尊重。在这个过程中,领导者需要用心去了解员工的需求和期望,不断创新和完善福利体系。

8.3 精神激励模式

领导者采用精神激励,如为优秀员工颁发荣誉,能极大地激发员工的积极性和自豪感。同时,让员工参与决策,可增强他们的归属感与责任感。精神激励不仅是对员工努力与成就的认可，还赋予他们参与组织发展的权利，促使员工以更高的热情投入工作，为企业创造更大的价值。

8.3.1 给优秀员工颁发荣誉

荣誉作为一种精神层面的奖励，具有强大的激励作用。它不仅是对员工过去工作的肯定和认可，还是对未来工作的鼓舞和期许。

真正有效的荣誉激励机制，必须系统设计、精准实施，才能发挥其应有的价值，具体如图 8-4 所示。

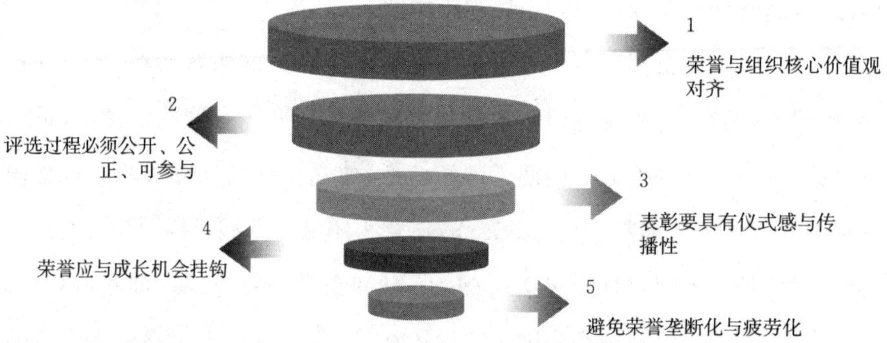

图 8-4　有效的荣誉激励机制

(1)荣誉与组织核心价值观对齐。荣誉不应只是“年度最佳员工”这类泛化称号，而应具体体现组织倡导的行为导向。例如，企业强调客户第一，可设立“客户感动奖”；重视创新突破，可设置“锐意创新奖”。每个奖项背后都应有清晰的行为标准，如主动为客户解决非职责范围内的问题并获得书面感谢、提出流程优化建议并实现效率提升 20%以上。这样，荣誉就不再是主观评价，而是价值观的具象化表达。

(2)评选过程必须公开、公正、可参与。应建立透明的评选规则：明确提名方式（自荐、同事推荐、上级提名）、评审标准、权重分配（如业绩占 60%、价值观践行占40%)和评审小组构成(可包含跨部门代表)。通过内部系统公示候选人名单与事迹,鼓励全员浏览与监督,增强认同感。

(3)表彰要具有仪式感与传播性。荣誉的价值在于“被看见”。一次庄重的颁奖仪式、一段精心制作的表彰视频、一封由高层亲笔签署的感谢信,都能让获奖者感受到尊重与价值。同时,应通过企业内刊、公告栏、微信群、OA首页等渠道广泛宣传获奖者事迹,将其树立为团队榜样。华为不仅为“明日之星”奖获得者颁发奖牌,还在全球办公区展示获奖员工照片与故事,形成强大的正向激励氛围。

(4)荣誉应与成长机会挂钩。单纯的物质奖励可能随时间贬值,但荣誉若能带来发展机会,则更具长期吸引力。例如,获得“年度卓越贡献奖”的员工可优先参与高管座谈会、获得外派学习名额或进入人才梯队培养计划。这能让员工看到长期发展路径,增强积极性与归属感。

(5)避免荣誉垄断化与疲劳化。若奖项长期被少数人包揽,会打击多数人积极性;若表彰过于频繁,又会稀释其价值。应合理控制奖项数量与周期,兼顾不同层级、岗位的代表性,确保荣誉的广泛激励效应。

对领导者来说,颁发荣誉并不是简单的形式主义,而是具有深刻内涵的领导艺术。在颁发荣誉的过程中,领导者要注重公平公正,确保荣誉真正授予那些表现出色的员工。同时,领导者还要通过各种方式宣传荣誉获得者的事迹,让更多的员工了解他们的努力和成就。这样,荣誉才能发挥出最大的激励作用。

8.3.2 让员工参与决策

赋予员工参与决策的机会,能够让他们感受到自身价值被认可和尊重。人们普遍渴望在职场中拥有一定的发言权和影响力,而不是仅仅扮演执行者的角色。

玛丽·博拉在担任通用汽车 CEO 期间，展现出卓越的领导风范，积极推动员工参与决策，为公司在激烈的汽车行业竞争中开辟出一条崭新的发展道路。

在汽车行业面临前所未有的激烈竞争和快速的技术变革之际，玛丽·博拉深刻认识到，仅依靠高层领导的智慧是远远不够的。她坚信，公司的每一名员工都拥有独特的视角和宝贵的经验，能够为公司的发展贡献重要的力量。

为了鼓励员工提出创新的想法和解决方案，玛丽·博拉采取了一系列积极有效的措施。她亲自参与员工座谈会，认真倾听员工的声音，无论是来自研发部门的工程师，还是奋战在销售一线的销售人员，她都给予充分的尊重和关注。她强调，每个人都有机会为公司的战略决策贡献自己的智慧，不论职位高低、部门差异。

在电动汽车的研发和推广方面，通用汽车更是广泛听取员工的意见。工程师凭借其专业的技术知识，提出了关于电池技术、车辆性能优化等方面的创新建议。他们积极参与研发过程中的各项决策，从车型设计到技术参数的确定，每一个环节都融入他们的智慧和心血。而销售人员则从市场需求的角度出发，提供了关于消费者喜好、市场趋势等方面的宝贵信息。他们的意见在电动汽车的市场定位、营销策略制定等方面发挥了关键作用。

这种全员参与的决策方式带来了显著的成效。通用汽车在电动汽车市场上取得了重要的突破，推出了一系列备受欢迎的电动汽车产品。这些产品不仅在技术性能上表现出色，而且在市场定位和营销策略上也更加精准地满足了消费者的需求。

那么，领导者该如何让员工参与决策？

(1)建立开放的沟通渠道是关键。领导者要鼓励员工通过面对面交流、团队会议、在线平台（如企业微信、飞书文档、在线白板）等渠道提出自己的想法和建议，要让员工知道他们的声音会被听到，并且会被认真考虑。例如，可以设立意见箱、定期开展员工座谈会或者利用内部沟通软件建立专门的讨论区。在沟通的过程中，领导者要保持开放的心态，认真倾听员工的观点，不要急于否定或批评。

（2）明确参与边界，分层分类推进。并非所有决策都适合全员参与，应根据决策性质划分参与层级。例如，对用户战略级决策（如年度目标、组织变革），可设立员工代表委员会，定期听取他们的意见与反馈；对于业务级决策（如产品优化、服务流程），邀请相关岗位员工参与专题讨论或加入工作坊；对于执行级决策（如任务分配、工具选择），授权团队内部自主协商，减少审批干预。

（3）建立结构化参与流程。避免临时起意或随意讨论，应设计标准化流程。例如，提前发布议题背景资料，确保参与者充分知情；采用“头脑风暴＋投票排序”等方式收集多元意见；明确反馈机制——哪些意见被采纳、哪些未被采纳及原因，避免形式化参与。

（4）对员工的参与给予积极的反馈和奖励。当员工提出有价值的建议或参与的决策取得良好效果时，领导者要及时给予肯定和表扬。领导者可以通过公开表彰、奖金激励或者提供晋升机会等方式，让员工感受到自己的努力得到了回报。同时，对于那些积极参与决策但建议未被采纳的员工，也要给予鼓励和感谢，让他们知道自己的参与是有意义的。

总之，让员工参与决策不仅可以实现对员工的精神激励，还可以为企业带来诸多好处。

第 9 章

生物态思维：鼓励员工自成长

生物态思维鼓励员工自我成长，如同万物在大自然中自由生长，领导者不应过度管控，而应提供适宜的环境和资源。当员工被赋予足够的空间和信任，他们会展现出惊人的创造力和潜力。

9.1 机械态思维与生物态思维

机械态思维强调管理和制度，追求秩序与效率，如同精准运行的机器。然而，过度的机械可能导致僵化。相比之下，生物态思维注重活力和韧性。它就像生机勃勃的生态系统，充满创新与适应力，能激发团队的内在动力，让组织在变化中保持韧性。

9.1.1 机械态思维：管理和制度

在传统组织管理理论中，机械态思维长期占据主导地位。这种思维模式源于工业革命时期对效率与秩序的追求，其核心假设是：组织如同一台精密的机器，每个员工都是其中的一个“零件”，只要有清晰的分工、严格的流程和严密的监督，就能实现整体的高效运转。在这种框架下，管理的重点在于控制、标准化和可预测性，制度成为维系组织运行的基石。

机械态思维的典型特征是高度的层级化和职能化。决策权集中在顶层，信息自上而下传递，员工的角色被严格定义，其职责范围往往局限于岗位说明书中的条文。管理者的主要任务是监督执行、纠正偏差、确保流程不偏离既定轨道。绩效评估也多依赖量化指标,如KPI、出勤率、任务完成率等,强调结果的可衡量性,而较少关注过程中的创新或个体成长。

这种管理模式在稳定、可预测的环境中表现出色。例如,在大规模制造业、物流系统或标准化服务行业中,机械态思维能够有效降低运营成本、提升执行效率。福特汽车早期的流水线生产就是这一思维的典范,其通过将复杂任务分解为简单重复的动作,极大地提高了生产效率。

然而,随着商业环境日益复杂、不确定性加剧,机械态思维的局限性逐渐显现。

(1)它抑制了员工的主动性和创造力。当个体被视为执行单元而非价值创造者时,他们更倾向于遵循指令而非主动思考,导致组织在面对新挑战时反应迟缓。

(2)过度依赖制度和流程容易形成官僚主义,决策链条冗长,信息传递失真,最终削弱组织的灵活性和适应能力。更严重的是,机械态思维往往将人工具化,忽视了员工的情感需求、成长愿望和内在动机,长此以往会导致人才流失和组织活力下降。

值得注意的是,机械态思维并非完全过时。在某些场景下,如安全生产、合规审查或危机响应中,严格的制度和流程仍是不可或缺的保障。问题的关键在于,当组织将机械态思维视为唯一或主导模式时,便容易陷入僵化,难以应对快速变化的市场和技术革新。

从领导力的角度看,机械态思维下的领导者更像指挥官或监工,其权威来源于职位和权力,而非影响力或愿景。他们习惯于通过命令和控制推动组织前进,而非激发团队的内在动力。这种领导方式在短期内可能维持秩序,但从长远看,难以构建真正具有竞争力的组织文化。

因此,现代领导者需要清醒地认识到机械态思维的适用边界,既要利用其在结构化管理中的优势，也要警惕其对组织活力的潜在压制。

9.1.2 生物态思维：活力和韧性

与机械态思维相对，生物态思维将组织视为一个有机生命体，强调其自我调节、适应环境和持续进化的特性。这一思维模式借鉴了生物学中的生态系统、进化论和复杂性理论，认为组织不应被设计成一台固定不变的机器，而应像生命体一样具备生长、学习和再生的能力。在不确定性成为常态的今天，生物态思维正成为卓越领导者不可或缺的认知框架。

生物态思维的核心在于活力与韧性。活力体现为组织内部的能量流动、高频率创新和员工的主动性；韧性则指组织在遭遇冲击、失败或环境剧变时的恢复力与适应力。一个具备生物态特征的组织，不是依靠外部指令驱动，而是通过内在机制实现自我更新与进化。

在这种思维下，领导者不再扮演控制者的角色，而是转变为园丁或生态设计师。他们的任务不是制订详尽的计划或监督每一个动作，而是培育适宜的环境，以提供资源、清除障碍、激发潜能，让员工在自主探索中成长，并为组织带来新的可能性。谷歌的“20%自由时间”政策便是典型例证：允许员工将1/5的工作时间用于研究自己感兴趣的项目，这一机制催生了Gmail、Google News等重要产品，充分展现了员工自驱力带来的创新能量。

生物态思维重视多样性与冗余。在自然界中，物种越多样，生态系统越稳定；同样，组织中多元的背景、观点和技能组合，能够增强其应对复杂问题的能力。领导者鼓励跨部门协作、轮岗交流和异质团队建设，以打破信息孤岛，促进知识流动。此外，生物态组织不追求零错误的完美主义，而是将失败视为学习的机会。亚马逊的“快速失败、快速迭代”文化，正是通过小规模试错不断优化产品和服务，从而在激烈竞争中保持领先。

更重要的是,生物态思维关注个体的成长与意义感。员工不仅是人力资源,更是组织生命力的源泉。领导者通过授权、反馈和提供个性化发展路径,帮助员工实现自我价值,从而形成“组织成就个人,个人反哺组织”的良性循环。这种内在激励机制远比外在奖惩更持久、更深刻。

当然,生物态思维并不否定制度与流程的价值,将其视为骨架而非全部。制度提供基本框架,但留有弹性空间,允许根据实际情况灵活调整。正如生命体既有稳定的生理结构,又能对外界刺激做出动态反应。

在 VUCA 时代,组织的生存不再取决于规模或资源的多寡,而在于其适应与进化的能力。生物态思维正是应对这一挑战的战略选择,它要求领导者具备系统观、长远眼光和对人性的深刻理解,用生态智慧取代机械逻辑,最终打造一个既能蓬勃生长又能抵御风暴的卓越组织。

拥有生物态思维的领导者,能够更好地引领组织在不确定的环境中前行。他们不会拘泥于传统的管理模式和固定的思维框架,而是敢于尝试新的方法和理念。他们善于从失败中吸取教训,不断调整和优化组织的结构和运作方式。这样的领导者能够激发团队的无限潜力,使组织充满活力和韧性。

9.1.3 马斯克的“疯狂”领导力

马斯克是特斯拉汽车公司的首席执行官,也是太空探索技术公司(SpaceX)的创始人,以其宏大的愿景、卓越的创新能力和坚定不移的决心而广为人知。

马斯克的领导力堪称“疯狂”,这种疯狂并非盲目冲动,而是一种对传统的挑战和对未来的无畏探索。他不断突破边界,将看似不可能的事情变为现实。在电动汽车领域,当大多数人对传统燃油车习以为常时,马斯克毅然投身于电动汽车的研发和生产。他坚信电动汽车是未来的趋势，并以特斯拉为平台，推动了全球电动汽车产业的发展。如今，特斯拉汽车以其高性能、长续航和先进的自动驾驶技术，成为行业的领军者。

马斯克的"疯狂"还体现在他的太空探索事业中。SpaceX 的目标是降低太空运输成本，实现人类移民火星的梦想。这一目标在许多人看来简直是天方夜谭，但马斯克却信心满满。他带领团队不断进行技术创新，成功开发出可重复使用的火箭，大幅降低了太空发射成本。SpaceX 的成就不仅为人类探索太空开辟了新的道路，也激励着无数人勇敢追求自己的梦想。

马斯克的领导力不仅体现在他的宏伟愿景上，还在于他的行动力和决断力。他敢于冒险，愿意投入大量的资金和时间去追求自己的目标。同时，他还擅长激励团队，让每一个成员都为实现共同的目标而努力奋斗。面对困难和挫折，马斯克从不退缩，而是积极寻找解决方案。他的坚忍不拔和乐观精神感染着身边的每一个人，让他们相信只要努力，就没有克服不了的困难。

然而，马斯克的"疯狂"领导力也并非没有争议。他的激进决策和高压管理方式有时会引起员工的不满和外界的质疑。但不可否认的是，正是这种独特的领导力，让马斯克在竞争激烈的商业世界中脱颖而出，成为一位传奇人物。

9.2 如何培养生物态思维

在当今复杂多变的时代，领导者亟须培养生物态思维，就如同生物在不断适应环境的过程中进化。惯性思维往往束缚发展，领导者应勇敢摆脱其限制,以全新视角审视问题,并持续提高反脆弱性,使团队在不确定性中茁壮成长。不要害怕试错,因为错误是进步的阶梯。

9.2.1 摆脱惯性思维

惯性思维是领导者在决策和管理过程中的一大阻碍,往往使领导者陷入固定的模式和方法,缺乏创新和适应性。它可能导致领导者错过新的机遇,无法应对不断变化的市场环境。同时,惯性思维也容易使团队陷入僵化,抑制员工的创造力和积极性。

领导者想要摆脱惯性思维可以参考四种方法,如图 9-1 所示。

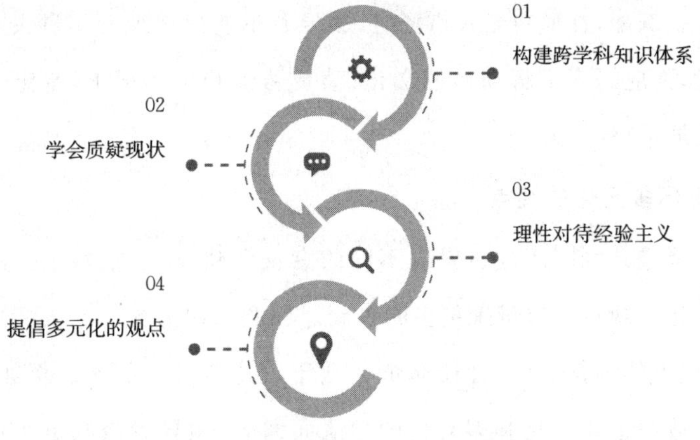

图 9-1 领导者摆脱惯性思维的方法

1. 构建跨学科知识体系

领导者不应局限于自己的专业领域,而应广泛涉猎不同学科的知识。例如,一位科技企业的领导者可以学习管理学、心理学、社会学等领域的知识,从而拓宽自己的视野,为解决问题提供更多的思路和方法。通过跨学科的学习,领导者能够打破学科界限,融合不同领域的思维方式,从而摆脱单一思维模式的束缚。

2. 学会质疑现状

领导者不应盲目接受现有的状况和做法，而应敢于提出问题和挑战。例如，腾讯公司的领导者马化腾，在公司发展过程中不断质疑现有的业务模式和产品，推动团队进行创新和改进。领导者要鼓励团队成员提出不同的观点和想法，共同探讨问题的解决方案。通过质疑现状，领导者能够激发团队的创新活力，推动组织不断向前发展。

3. 理性对待经验主义

经验是宝贵的财富，但过度依赖经验也可能导致惯性思维。领导者应认识到经验的局限性，在面对新的情况和问题时，不能仅仅依靠过去的经验来作出决策。领导者要学会从不同的角度分析问题，结合实际情况进行创新和改进。例如，在面对新兴市场时，领导者不能简单地套用过去在成熟市场的经验，而应深入了解当地的文化、消费习惯和市场需求，制定适合当地市场的发展策略。

4. 提倡多元化的观点

领导者应鼓励团队成员发表不同的意见和建议，尊重每个人的独特观点。多元化的观点能够带来更多的创新思路和解决方案。领导者要营造一个开放、包容的工作环境，让团队成员敢于表达自己的想法。例如，谷歌公司以其开放的企业文化和多元化的团队而闻名，领导者鼓励员工提出各种创新的想法，并给予充分的支持和资源。

综上所述，摆脱惯性思维对于领导者培养生物态思维具有重要意义。它能够使领导者更加敏锐地感知市场变化，灵活应对各种挑战。领导者能够以开放的心态接纳新事物，激发团队的创新活力，推动企业不断发展壮大。

9.2.2 持续提高反脆弱性

反脆弱性意味着不仅能在不确定性中生存，还能从中受益。领导者提高反脆弱性的措施如图 9-2 所示。

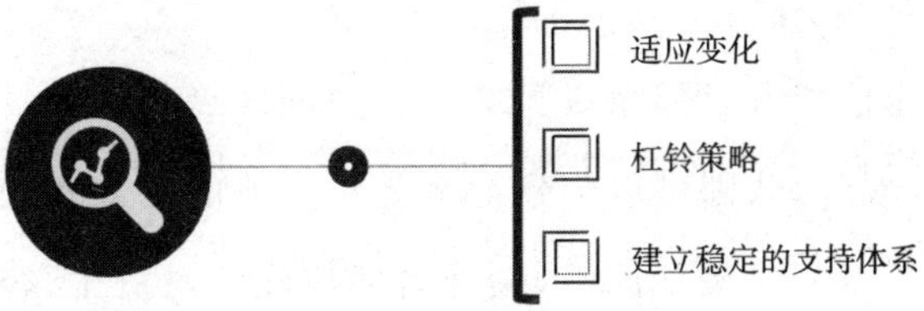

图 9-2 领导者提高反脆弱性的措施

1. 适应变化

世界处于不断变化之中，市场趋势、技术创新、社会环境等都在持续演变。领导者不能故步自封，而应保持敏锐的洞察力，主动关注行业动态和社会变化；积极拥抱新的理念和方法，勇于尝试新的业务模式和管理方式。当变化来临时，领导者能够迅速调整战略和决策，带领团队适应新的环境。通过不断地适应变化，领导者可以增强自身和团队的韧性，降低因变化带来的风险。

2. 杠铃策略

杠铃策略意味着在风险和稳定之间找到平衡。一方面，领导者可以将一部分资源投入到高风险、高回报的项目中，以获取更大的收益和发展机会；另一方面，也要确保有足够的资源用于稳定的业务和基础建设，以保障组织的基本生存和运营。

通过杠铃策略，领导者既能在机遇来临时大胆出击，又能在危机面前保持稳定。例如，在企业发展中，可以同时进行创新型项目的研发和传统业务的优化，这样即使创新项目失败，传统业务也能为企业提供稳定的收入和支持。

3. 建立稳定的支持体系

领导者很难独自应对所有的挑战和压力，因此需要建立一个强大的支持体系。这个支持体系可以包括优秀的团队成员、可靠的合作伙伴、专业的顾问团队等。优秀的团队成员能够为领导者提供智力支持和执行保障，共同应对各种困难和挑战。

可靠的合作伙伴可以带来资源共享和协同发展的机会，增强组织的竞争力。专业的顾问团队则可以为领导者提供专业的建议和决策支持，帮助领导者作出更明智的决策。此外，领导者还应注重与员工、客户、股东等利益相关者的良好沟通和关系维护，获得他们的支持和信任。

总之，领导者提高反脆弱性可以增强适应能力，在变化的环境中迅速作出反应，抓住机会，避免被淘汰；还可以降低组织的风险，减少损失，确保组织的稳定发展。

9.2.3 不要害怕试错

生物态思维强调适应变化、持续进化，而对领导者来说，想要培养生物态思维，就绝不能害怕试错。

正如索尼电子高级副总裁肯·史蒂文斯所说："你必须给你的销售团队足够的权力和自由去尝试失败。他们不应该为失败感到害怕。如果他们害怕了，他们就不敢放开手脚做事。而如果他们不去试错，他们就只能做到80%，而非100%。"这深刻地揭示了试错对于团队发挥最大潜能的重要性。

关键在于，领导者需要主动构建"容错—反馈—学习—迭代"的闭环机制，而非仅仅口头倡导"允许失败"。

(1)重新定义失败的价值。领导者需明确区分有价值的失败与低级的失误。前者源于创新尝试、边界探索或未知领域的突破，其过程严谨、目标清晰、可复盘性强；后者则是疏忽、懒惰或违反基本规范所致。生物态思维鼓励的是前者。谷歌 X 实验室（现为 Moonshot Factory）在开发项目时，会设置快速证伪机制：团队被要求尽快找出项目不可行的证据，一旦确认便果断放弃。这不仅节省资源，更积累了宝贵的技术洞察。领导者应公开表彰有价值的失败，将其纳入绩效评估的正面指标。

（2）建立结构化的试错机制。试错不能是随意的冒险，而应是受控的探索。领导者可推行最小可行实验原则：将创新想法转化为小规模、低成本、短周期的试点项目，限定资源投入与影响范围，确保失败不会危及组织生存。例如，亚马逊在推出新服务前，常以"两个披萨团队"进行内部测试，快速验证假设。

（3）强化复盘与知识转化。试错的价值不在尝试本身，而在后续的学习。领导者必须主导或推动深度复盘，聚焦三个问题：我们原本假设了什么？实际发生了什么？我们学到了什么？复盘不应停留在个人总结，而要通过案例分享会、内部知识库或跨部门交流，将个体经验转化为组织智慧。Netflix 的文化手册中公开记录了公司历史上重大决策失误及其教训，正是将失败制度化为学习资源的典范。

（4）以身作则，对失败保持坦然。领导者敢于公开谈论自己的决策失误，并分享从中获得的成长，员工才会真正相信"试错被允许"。这种脆弱性领导力能极大增强员工的心理安全感，激发团队的探索勇气。

领导者不害怕试错不是放任自流，而是通过制度设计将失败从"成本"转变为"投资"。领导者的核心任务，是构建一个让错误变得有用的系统，使组织在持续的小幅震荡中不断增强适应力、加快进化速度。

9.3 如何打造生物态团队

生物态团队犹如一个充满活力的生态系统，具备强大的适应性和创新力。领导者通过打造这样的团队，能激发成员的内在潜力，让每个人都成为推动组织前进的动力源。在复杂多变的市场环境中，生物态团队能够灵活应对各种挑战，快速适应新的形势。

9.3.1 构建共生型人才生态

在生物态团队中，人才是推动团队不断发展、适应变化的核心力量。只有拥有优秀的人才，团队才能具备强大的创新能力、执行能力和应变能力。领导者构建共生型人才生态可以从五个方面着手，如图 9-3 所示。

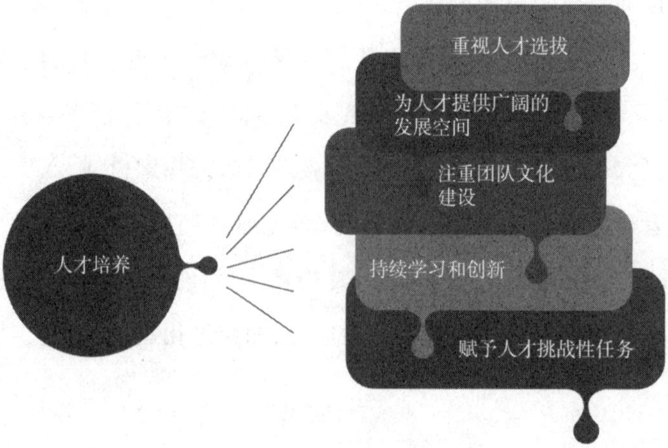

图 9-3　如何构建共生型人才生态

1. 重视人才选拔

领导者在选拔人才时,不能仅仅依据学历、工作经验等传统标准,而要更加注重候选人的综合素质、创新思维和学习能力。领导者可以通过多轮面试、实际项目测试等方式,全面了解候选人的能力和潜力。同时,领导者要积极拓展人才选拔渠道,除了传统的招聘渠道外,还可以通过内部推荐、人才市场、社交媒体等途径寻找合适的人才。

2. 为人才提供广阔的发展空间

生物态团队强调个体的成长和发展,领导者应根据人才的特点和需求,为他们制定个性化的职业发展规划。领导者可以提供内部培训、轮岗机会、导师制度等,帮助人才不断提升自己的能力和水平。同时,要鼓励人才勇于尝试新的事物,给予他们足够的自主权和决策权,让他们在实践中不断成长和进步。

3. 注重团队文化建设

良好的团队文化能够吸引和留住人才,促进团队成员之间的合作与交流。领导者要树立正确的价值观和行为准则,引导团队成员形成共同的目标和理念;可以通过组织团队活动、开展文化培训等方式,增强团队凝聚力和向心力。同时,要鼓励团队成员之间相互学习、相互支持,形成良好的学习氛围和合作氛围。

4. 持续学习和创新

在快速变化的时代,领导者和团队成员都需要不断学习和创新,以适应市场的变化和发展。领导者要带头学习,不断提升自己的领导能力和管理水平。同时,要鼓励团队成员积极参加各种培训和学习活动,不断更新知识和技能。领导者可以建立学习型组织,定期组织内部培训和分享会,促进团队成员之间的知识交流和共享。

5. 赋予人才挑战性任务

领导者不要害怕给成员分配具有一定难度的任务，因为只有在挑战中，人才能快速成长。当成员面临挑战时，领导者要给予适当的支持和指导，帮助他们克服困难。同时，要鼓励成员勇于尝试新的方法和思路，不怕失败。通过完成挑战性任务，成员能够不断提升自己的能力，增强自信心，为团队的发展作出更大的贡献。

总而言之，优秀的人才是团队的中流砥柱，能够给团队带来创新的思维和方法，提升团队的适应能力和竞争力。他们能够在不同的岗位上发挥自己的优势，相互协作，共同推动团队的发展。同时，他们也能吸引更多优秀的人才加入团队，形成良好的人才生态，为团队的持续发展提供源源不断的动力。

9.3.2 提供成长空间和可能性

在生物态思维中，员工是成长性生命体。因此，领导者打造生物态团队的关键之一，在于为员工创造可持续成长的空间，使其能力、视野与价值感不断拓展。具体做法如下所示：

(1)设计跃迁式任务，即略高于员工当前能力水平的工作挑战。这类任务既不会因过于简单而令员工倦怠，也不会因遥不可及而引发焦虑。例如，让一名资深工程师主导一个跨部门创新项目，或让初级管理者临时带队应对突发危机。在实践中突破舒适区，是能力跃升的核心路径。

(2)配套支持性环境。成长伴随不确定性，员工需要资源、指导和心理安全感。领导者应扮演教练角色，在关键节点提供反馈；建立导师制或伙伴制，促进经验传递；同时允许试错，明确告知员工：只要你在学习，组织就支持你。谷歌的“20%自由时间”之所以能成功，是因为它不仅允许员工可自主分配时间,还配套技术资源、跨团队协作机制等。

(3)提供多元化发展通道。传统职业路径往往局限于晋升为管理者一条路,但并非所有人都适合或愿意成为管理者。生物态团队应提供技术序列、管理序列等多元化晋升通道,例如,华为的"五级双通道"制度、阿里的P级与M级双晋升通道都是为员工提供多元化发展路径。

(4)关注员工对自我价值的认同。成长不仅是技能提升,更是自我认知的深化。通过定期的一对一沟通、职业发展对话,领导者可以帮助员工梳理价值观、识别优势、设定长期目标,使其感受到组织对其长远发展的关切。

领导者为员工提供成长空间和可能性,本质是构建一种成长型基础设施。它让员工相信:在这里,我能成为更好的自己。当个体可能性被充分释放,组织自然拥有蓬勃的生命力。

第 10 章

组织共生：互利互惠与双赢

领导者要打破壁垒，促进不同部门、不同个体之间的合作与交流。当组织成员共同为一个目标努力时，资源得以共享，优势得以互补。通过共生，大家不再是孤立的个体，而是紧密相连的整体。在这个过程中，每个人都能发挥出最大价值，组织也能不断发展壮大，实现真正的互利互惠与双赢。

10.1 新时代急需共生型组织

单一的个体或组织往往难以应对复杂多变的环境。而共生型组织打破传统界限，促进不同主体间的合作与协同，成员共享资源、知识与技术，共同面对风险与挑战。通过共生，激发创新活力，提升整体竞争力。

10.1.1 共生型组织的四大特征

共生型组织是一种基于价值创造和跨领域价值网的高效合作组织形态，具有四大特征，如图10-1所示。

1. 平等的主体身份

在共生型组织中，成员之间不再是传统的主从关系，而是以平等的主体身份相互交往。每个组织和个体都拥有其独特的价值和优势，能够为整体的进步贡献自己的力量。没有任何一方占据绝对的主导地位，取而代之的是相互尊重和合作。例如，在一个跨行业的合作项目中，尽管各企业来自不同的领域，但都以平等的态度参与，共同决策，共同承担风险和责任，以实现

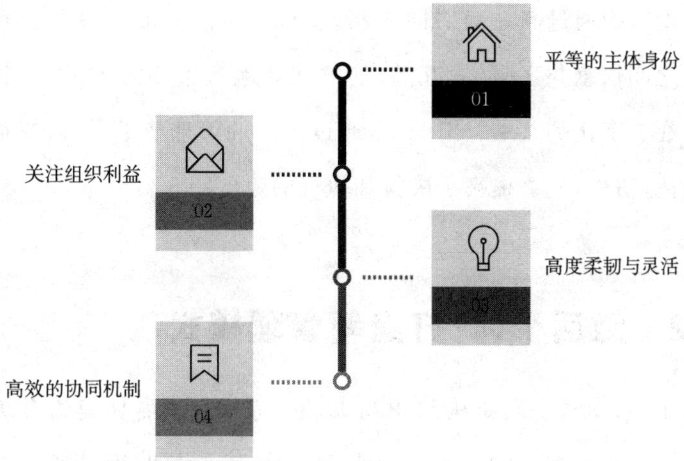

图 10-1　共生型组织的特征

互利共赢。

2. 关注组织利益

共生型组织追求的不是单一个体的利益最大化,而是整个组织的利益。成员之间通过合作实现资源共享和优势互补,进而提升整体的利益。这种整体利益的增长又会反过来推动各个成员的发展。以产业集群为例,企业之间通过合作共享技术、市场等资源,降低成本,提高效率,增强整个产业集群的竞争力,同时每个企业也获得了更多的发展机会。

3. 高度柔韧与灵活

在市场环境快速变化的背景下,共生型组织能够迅速调整其结构和策略,以应对新的挑战和机遇。与传统组织的僵化不同,共生型组织展现出高度的柔韧性和灵活性。当市场需求发生变化时,共生型组织能够迅速整合资源,调整业务方向,并迅速作出反应。例如,在面对突发的市场危机时,共生型组织能够迅速组织成员共同应对,通过灵活的合作方式,降低风险,寻找新的发展机遇。

4. 高效的协同机制

共生型组织通过高效的协同机制，实现成员之间的无缝对接和协同作战。成员之间信息共享、资源互通，能够快速响应市场需求，提高整体的运营效率。在数字化的共生型组织中，通过先进的信息技术平台，成员之间可以实时交流、协作，显著提高了决策和执行的速度。

10.1.2　激活个体：打造新管理模式

激活个体，本质上是重构组织与人的关系——从雇佣契约升级为价值共生契约。这意味着组织不再仅以薪酬交换劳动时间，而是通过提供成长机会、意义感和自主空间，激发员工的内在驱动力，使其从被动执行者转变为主动创造者。这种转变并非依赖口号或福利改善，而需系统性的机制设计。

首先，必须打破岗位固化的思维。传统岗位说明书往往将职责限定得过于狭窄，抑制了个体潜能的释放。共生型组织应推行角色动态化机制，鼓励员工根据项目需求、个人兴趣和能力优势，承担多重角色。例如，一名销售员工可同时参与产品设计反馈、客户案例撰写甚至内部培训，其贡献不再局限于KPI，而是体现在跨职能的价值流动中。

其次，赋予决策权是激活个体的关键。权力集中导致信息滞后与响应迟缓，而将决策前移至一线，才能实现敏捷响应与创新涌现。领导者应允许员工在预算范围内自主调配资源、调整方案、回应客户，如海底捞服务员有权给顾客免单、赠送菜品。

再次，强调成长即回报。员工的需求不仅是物质激励，还包括能力提升与自我实现。组织应将员工发展机会制度化，提供个性化学习路径，设立内部创新基金，开放跨部门轮岗通道，并将“带教新人”“知识沉淀”等指标纳入绩效评价。

最后,激活个体离不开心理安全感的营造。一个不敢表达、害怕失败的个体,无法真正释放创造力。领导者需以身作则,展现脆弱性,鼓励试错,并对员工提出的建设性批评给予正向反馈。

能够激活个体的新管理模式要求领导者放弃控制欲,转而成为员工个体价值实现的"催化剂"。唯有如此,领导者才能带领组织实现真正的可持续发展。

10.1.3 激活组织:建立命运共同体

共生型组织强调组织成员之间的相互依存、共同成长,而领导者在其中扮演着至关重要的角色。通过建立共同价值观、提高应对不确定性的能力、激发员工的持续创造力,领导者可以激活组织,建立命运共同体,如图 10-2 所示。

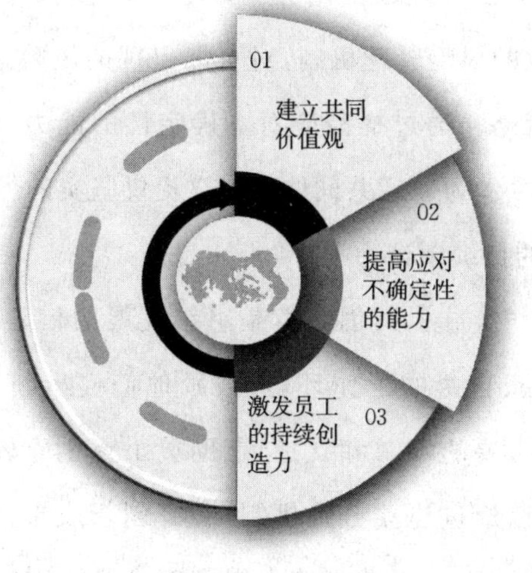

图 10-2 如何激活组织建立命运共同体

1. 建立共同价值观

共同价值观能够为组织成员提供行为准则和方向指引，使大家在共同的目标下团结一致。领导者要深入了解组织的使命、愿景和核心价值观，并通过有效的沟通和培训，将其传达给每一名员工。同时，领导者自身也要以身作则，践行共同价值观，成为员工的榜样。组织成员拥有共同的价值观，他们会更加认同组织，愿意为组织的发展贡献自己的力量。

例如，华为的核心价值观是“以客户为中心，以奋斗者为本，长期艰苦奋斗，坚持自我批判”。这一价值观深入人心，使得华为员工在面对各种挑战时，始终能够保持高度的使命感和责任感，为客户创造价值，为企业的发展贡献力量。领导者要通过沟通、培训等方式，将共同价值观传递给每一名员工，让大家在共同的价值观下团结协作。

2. 提高应对不确定性的能力

在快速变化的市场环境中，不确定性成为常态。领导者要培养组织的敏捷性和适应性，使组织能够迅速应对各种变化。一方面，领导者要鼓励创新和尝试，允许员工在一定范围内犯错，从而激发组织的活力。另一方面，领导者要建立有效的风险管理机制，对可能出现的风险进行预测和评估，并制定相应的应对策略。通过提高应对不确定性的能力，组织能够在动荡的环境中保持稳定发展，为命运共同体的建立提供坚实的保障。

3. 激发员工的持续创造力

在共生型组织中，员工的创造力是组织发展的核心动力。领导者要为员工创造一个宽松、自由的工作环境，鼓励他们提出新的想法和建议。同时，领导者要提供必要的资源和支持，帮助员工将创意转化为实际的成果。此外，领导者还可以通过建立激励机制，对有创新成果的员工进行奖励，激发员工的创新热情。当员工的创造力得到充分激发时，组织将不断涌现出新的产品、服务和商业模式，为命运共同体的发展注入源源不断的动力。

总之,共生型组织中的领导者要充分认识到自己的使命和责任,积极采取有效措施,激活组织,建立命运共同体。只有组织成员共同为实现企业目标而努力,相互协作、共同成长,企业才能在激烈的市场竞争中稳步前进。

10.2 上下同频:成就你和员工

在共生型组织中,领导者与员工要做到上下同频。其中,观念同频需要领导者和员工树立共同价值观;互动同频能打破隔阂,让信息流畅通无阻,领导者积极倾听员工意见,员工也能大胆反馈,共同推动工作高效开展;而文化同频则是凝聚人心的关键,领导者以身作则践行企业文化,员工也会深受感染,将企业价值观融入日常工作。

10.2.1 观念同频:树立共同价值观

领导者与员工在观念上保持一致,沟通将更加顺畅高效。大家能够更好地理解彼此的意图和目标,减少误解和冲突。同时,观念同频能够增强员工的归属感和认同感,使他们更加积极主动地投入工作,为实现共同的目标而努力奋斗。此外,观念同频还有助于提升组织的执行力,确保各项决策和战略能够迅速落地实施。

那么,如何实现领导者和员工观念同频、树立共同价值观呢?

1. 了解员工的期望

领导者不能仅仅从自身的角度出发来制定战略和决策,而要深入了解员工的需求、期望和梦想。只有领导者真正了解员工的内心世界，才能更好地引导他们朝着共同的目标前进。例如，通过定期的员工满意度调查、一对一的沟通交流等方式，领导者可以了解员工对工作环境、职业发展、薪酬福利等方面的期望，从而有针对性地进行改进和优化。

2. 诚信和尽责

在共生型组织中，诚信不仅仅是一种道德规范，更是一种商业准则。领导者要以身作则，坚守诚信原则，做到言行一致、表里如一。同时，要鼓励员工诚实守信，对自己的工作负责，对组织和客户负责。只有全体成员都具备诚信和尽责的品质，组织才能赢得客户的信任和社会的尊重。

3. 明确企业文化和使命

企业文化是组织的灵魂，体现了组织的价值观、行为准则和精神风貌。使命则是组织存在的目的和意义，为组织的发展指明了方向。领导者要与员工共同探讨和确定企业文化和使命，让每一名员工都深刻理解并认同组织的核心价值观和使命。这样，员工在工作中才能有明确的方向感和使命感，更加积极主动地为实现组织目标而努力。

比尔·盖茨就是一个很好的例子。作为微软的创始人，比尔·盖茨一直致力于打造一个共生型组织。他非常注重了解员工的期望，为员工提供良好的工作环境和发展机会。微软公司一直秉持“以人为本”的理念，尊重员工的个性和创造力，鼓励员工勇于创新、敢于挑战。

在诚信和尽责方面，比尔·盖茨也是以身作则。他始终坚守诚信原则，对客户、合作伙伴和员工负责。微软公司也将诚信作为企业的核心价值观之一，要求员工在工作中诚实守信、遵守职业道德。这种诚信文化不仅为微软赢得了客户的信任，也为公司的长期发展奠定了坚实的基础。

此外，微软公司有着明确的企业文化和使命。微软的使命是“予力全球每一人、每一组织，成就不凡”。这个使命激励着每一位微软员工，让他们明白自己的工作不仅仅是为了公司的利益,更是为了改变世界、为人类的进步作出贡献。微软的企业文化强调创新、合作、包容和社会责任,这些价值观成为员工共同的行为准则,推动着公司不断向前发展。

在共生型组织中,领导者和员工观念同频、树立共同价值观是实现组织可持续发展的关键。通过了解员工的期望、践行诚信和尽责、明确企业文化和使命等做法,领导者可以逐步实现观念同频,共同打造一个充满活力、创新力和竞争力的共生型组织。

10.2.2 互动同频:核心是解决问题

领导者作为团队的引领者,不能仅仅停留在发号施令的层面,还应与员工实现互动同频。与员工互动同频意味着真正走进员工的工作世界,了解他们所面临的具体问题。领导者积极与员工交流沟通,可以第一时间掌握工作中的各种状况,如技术难题、流程瓶颈、团队协作中的矛盾等,从而及时解决问题。

利用互动同频解决问题的方法如图 10-3 所示。

1. 树立正确的问题观

领导者要认识到,企业发展中难免会遇到一些问题。领导者要有对问题的敏锐洞察力,不回避、不掩盖问题。以腾讯为例,其领导者马化腾始终保持对市场变化和用户需求的高度关注,一旦发现问题,立即着手解决。他深知问题的出现意味着机会,只有积极面对问题,才能在激烈的市场竞争中立于不败之地。

2. 积极参与问题的解决

领导者不能仅仅停留在指挥层面,而要深入问题的实际解决过程。当员工遇到问题时,领导者要给予及时的支持和指导。例如,一家软件开发公

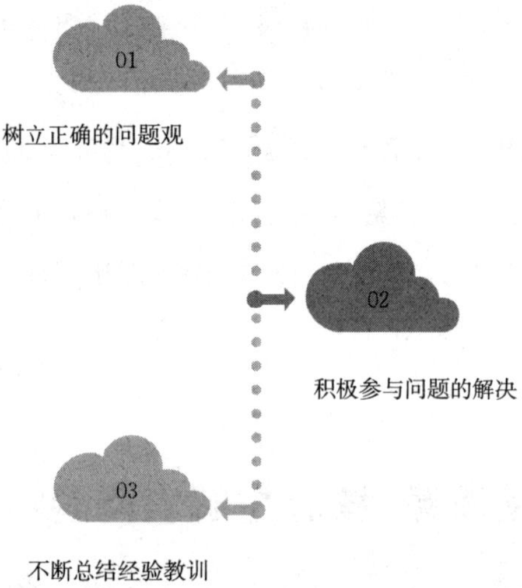

图 10-3　利用互动同频解决问题的方法

司的项目进度严重滞后，其领导者亲自参与项目组的讨论，与员工一起分析问题的瓶颈所在。通过与技术人员的深入交流，领导者提出了一些创新性的解决方案，大大提高了开发效率。在这个过程中，领导者与员工共同努力，不仅解决了问题，还增强了团队的合作精神和凝聚力。

3. 不断总结经验教训

每一次问题的解决都是一次宝贵的经验积累。领导者要带领员工及时总结问题解决的过程，分析成功的因素和不足之处，以便在未来的工作中更好地应对类似问题。一家连锁餐饮企业在扩张过程中遇到了门店管理不规范的问题，经过一段时间的整改，问题得到了有效解决。领导者组织各门店负责人召开经验总结会，分享成功的管理经验和改进措施。通过这次总结，大家对门店管理有了更深刻的认识，为企业的进一步发展奠定了坚实的基础。

总之，领导者与员工以解决问题为核心实现互动同频，是企业取得成功的重要保障。通过树立正确的问题观、积极参与问题的解决、不断总结经验教训,领导者能够与员工建立起良好的合作关系。

10.2.3 文化同频:让员工认可文化

积极、健康、富有凝聚力的企业文化,能够激发员工的工作热情和创造力,为企业的持续发展提供强大动力。领导者想要实现与员工的文化同频,让员工认可企业文化,就要采取一系列有效的做法,如图 10-4 所示。

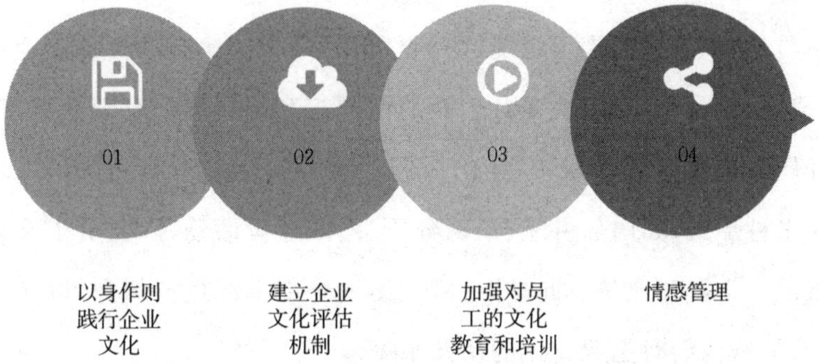

图 10-4 领导者与员工文化同频的做法

1. 以身作则践行企业文化

领导者作为企业的核心人物,其言行举止对员工有着巨大的影响。如果领导者自己都不能身体力行地践行企业文化,那么员工也很难真正认可和遵循。领导者要以企业文化为准则,在日常工作中展现出诚信、责任、创新等价值观。例如,在对待客户时,始终保持诚信和专业;在面对困难和挑战时,勇于担当责任,积极寻找解决方案;在工作中鼓励创新,为员工创造一个敢于尝试、勇于突破的氛围。通过自己的实际行动,领导者为员工树立榜样,让员工感受到企业文化的真实性和可行性。

2. 建立企业文化评估机制

通过评估机制，领导者可以及时了解员工对企业文化的认知度、认可度和践行情况，发现存在的问题并加以改进。评估可以采用问卷调查、员工访谈、绩效评估等多种方式进行，从不同角度收集员工的意见和建议。根据评估结果，领导者可以针对性地调整企业文化建设的策略和方法，确保企业文化始终与员工的需求和企业的发展目标相契合。同时，对在践行企业文化方面表现突出的员工进行表彰和奖励，树立榜样，激励更多的员工积极参与到企业文化建设中来。

3. 加强对员工的文化教育和培训

新员工入职时，应接受系统的企业文化培训，让他们尽快了解企业的历史、价值观、使命和愿景，增强对企业的认同感和归属感。对于老员工，也要定期开展文化教育活动，不断强化他们对企业文化的理解和认识。培训可以采用多种形式，如内部讲座、案例分析、团队建设活动等，让员工在轻松愉快的氛围中学习和成长。此外，还可以邀请外部专家进行培训，以拓宽员工的视野，提升他们对企业文化的认知水平。

4. 情感管理

领导者要关心员工的生活和工作，尊重他们的个性和需求，建立良好的沟通渠道。当员工遇到困难时，及时给予帮助和支持；当员工取得成绩时，给予充分的肯定和鼓励。通过情感交流和互动，增强员工对企业的忠诚度和凝聚力。同时，领导者要注重营造积极向上的工作氛围，让员工在一个充满关爱和温暖的环境中工作，从而更加自觉地践行企业文化。

综上所述，通过上述方法，领导者能够与员工实现文化同频，提升员工的认同感与归属感，进而促进企业文化的有效传播与贯彻执行。

10.3 修炼:成为共生型领导者

想要成为共生型领导者,首先,要扩大共同价值观的影响范围,凝聚团队力量,让大家朝着共同目标奋进;其次,积极学习现代技术,以适应快速发展的社会环境,为团队带来创新活力;最后,不断提高了解未来的能力,通过对趋势的把握提前布局。只有这样,才能引领团队在复杂多变的环境中稳步前行。

10.3.1 扩大共同价值观的影响范围

领导者要对价值观进行精准定义与情境化诠释。许多组织的价值观表述过于抽象,如诚信、创新、客户第一,缺乏具体的行为锚点。共生型领导者必须将价值观转化为可观察、可评价、可模仿的行为标准。例如,“客户第一”不仅意味着响应及时,还应具体化为“在 48 小时内闭环客户反馈”“在产品设计中主动预判非显性需求”等可执行动作。

价值观的渗透必须嵌入制度设计与决策逻辑,而非停留在宣传层面。价值观真正的影响力体现在资源分配、晋升机制、奖惩标准中。例如,当一名员工因坚持质量原则而牺牲短期业绩时,组织是否认可?当团队在创新项目中失败,但过程符合价值观,是否仍被鼓励?例如,奈飞的“自由与责任”文化之所以有效,是因为其薪酬体系、招聘标准、会议规则全部围绕这一核心构建,形成闭环。

扩大价值观的影响范围要求领导者成为价值观的示范者。员工对价值观的认同，更多来自对领导者行为的观察。当领导者在压力下依然坚持透明沟通，在利益冲突时选择长期价值，在失败后主动承担责任，这种一致性会在组织中形成示范效应。

领导者应推动价值观的外溢与生态共建。价值观的影响不应止于组织边界。通过供应链管理、客户合作、行业倡议等方式，领导者可以将组织的核心价值观延伸至生态伙伴。例如，Patagonia 不仅在内部践行环保理念，还通过“1%地球税”、可持续材料联盟等行动，推动整个户外产业绿色转型。

扩大共同价值观的影响范围，是一场系统性组织工程。它要求领导者以战略耐心，将价值观深植于行为、制度、生态关系中，使其真正成为组织运行的底层逻辑与集体心智。

10.3.2 技术穿透：学习现代技术

对领导者而言，技术穿透并非简单地学习工具操作或追逐技术潮流，而是要理解技术背后的逻辑、重构组织运作的底层结构，并以此推动人与系统的深度协同。

技术穿透的第一层，是增强技术理解力。领导者须具备技术思维，理解算法逻辑、数据流动、系统耦合的基本原理。这并非要求领导者成为程序员，而是能够判断技术方案的可行性、识别数据背后的因果关系、评估技术变革对组织结构的潜在冲击。例如，当团队提出引入 AI 客服系统时，领导者应能追问：训练数据是否覆盖长尾场景？人工干预机制如何设计？客户情感体验是否会受损？领导者的深度参与，能够避免技术决策的黑箱化与外包化。

第二层，是运用技术重构组织关系与权力结构。领导者应利用协同平台、知识图谱、智能仪表盘等工具，推动信息透明化与决策前移。例如，通过共享业务看板，让区域团队基于全局数据自主调整策略；通过搭建内部知识共享平台，让一线员工的经验沉淀为组织资产；通过数据仪表盘实现经营透明化，使基层团队能基于全局信息自主决策。

第三层，是警惕效率陷阱。许多组织盲目追求自动化与智能化，却忽视了人的价值与系统的韧性。真正的技术穿透，是寻求人机协同的最优平衡点。例如，在智能制造中，保留关键环节的人工干预能力；在数据分析中，强调人类判断对算法偏差的校正作用。领导者需明确：技术的目标不是替代人，而是放大人的创造力与共情力。

领导者学习现代技术必须与组织进化同步。领导者应建立持续学习机制，如设立组织跨部门技术工作坊、与科技公司共建创新实验室，确保组织不被技术变革甩出赛道。

技术穿透的本质，是领导者以技术为镜，重新审视组织的运行逻辑，并以此构建更具适应性、透明度与共生性的新型组织形态。而这，正是共生型领导力在当今时代的新内涵。

10.3.3 提高了解未来的能力

了解未来并非拥有预知的超能力，而是一种基于对各种信息的敏锐洞察、深入分析和合理推断的能力。共生型领导者需要具备这样的能力，以便在不断变化的环境中作出明智的决策，为团队指明前进的方向。

1. 提高了解未来的能力要求领导者具备广阔的视野

领导者不能仅仅局限于眼前的事务和当下的困境，而要放眼全球、关注不同领域的发展动态。领导者通过广泛阅读、参加行业会议、与不同背景的人交流等方式，可以不断拓宽自己的知识面和认知边界。

领导者可以从科技的进步、社会的变革、经济的走势以及文化的演变中捕捉到可能对未来产生重大影响的趋势和信号。例如，随着人工智能、大数据、区块链等新兴技术的飞速发展，领导者需要认识到这些技术将如何重塑各个行业，以及如何为自己所在的组织带来机遇和挑战。

2. 对历史的深入研究也是提高了解未来的能力的重要途径

历史总是惊人的相似，通过研究过去的成功与失败、变革与稳定，领导者可以从中总结出规律和经验教训。历史上不同时期的领导者应对危机、把握机遇的经验，能够为领导者当下的决策提供宝贵的参考。同时，历史也可以帮助领导者更好地理解人类社会的发展脉络，从而对未来的走向有更准确的判断。

3. 敏锐的观察力和分析能力是了解未来的关键

领导者要善于观察周围的环境，包括市场动态、客户需求、竞争对手的举动等，从细微之处发现变化的端倪，并运用科学的分析方法进行深入剖析。例如，领导者可以通过对市场数据的分析，了解消费者行为的变化趋势；通过对竞争对手战略的研究，预测行业的发展方向。同时，要学会运用各种分析工具和模型，如 SWOT 分析、趋势分析、情景规划等，对未来的可能性进行全面评估。

4. 营建一个开放、创新的组织文化

除了自身的努力，共生型领导者还应鼓励团队成员共同提高了解未来的能力，营造一个开放、创新的组织文化，让大家敢于提出对未来的设想和预测。组织内部可以开展关于未来趋势的讨论和头脑风暴活动，集思广益，共同探索未来的发展路径。同时，为团队成员提供学习和成长的机会，鼓励他们关注行业动态、参加培训课程、进行跨领域学习，提升整个团队的未来洞察力。

总而言之，在充满不确定性的未来，只有那些具备强大的了解未来能力的共生型领导者，才能带领团队在激烈的竞争中立于不败之地。通过不断拓宽视野、研究历史、提高观察力和分析能力，并鼓励团队共同成长，领导者可以更好地把握未来的机遇，应对各种挑战。

第 11 章

个人 IP：领导者也应该有流量

具有鲜明个人 IP 的领导者，能为企业带来强大的影响力和号召力。他们以自身的魅力和专业素养，吸引着公众的目光。他们通过各种渠道展示自身的领导风范、独特理念与见解，能提升企业的知名度和美誉度。

11.1 领导者标配——个人 IP

成功的领导者个人 IP，能在团队中树立榜样，激发员工的奋斗热情。而领导者的角色定位，是其个人 IP 发展方向的决定性因素。个人 IP 背后的信任机制，则是其影响力得以持续发挥的关键支撑。

11.1.1 角色定位：你代表的是整个组织

在一个组织中，领导者不仅仅是一个发号施令的人，还是代表整个组织的核心人物。

领导者是组织价值观的践行者和传播者，他们通过自己的言行举止将组织的核心价值观具象化。领导者始终坚守诚信、勇于担当、追求卓越，员工会看到这些价值观在实际行动中的体现，从而受到激励和鼓舞，在工作中也践行这些价值观。领导者以自己为榜样，向整个组织传递正确的价值导向，能够确保组织在发展的道路上不偏离正轨。

领导者是组织愿景的描绘者和引领者。他们高瞻远瞩，能够看到组织的未来发展方向,并以生动而富有感染力的方式描绘出组织的愿景。这个愿景就像一盏明灯,照亮了组织前进的道路。领导者凭借自身的魅力和影响力,引领员工朝着共同的目标努力奋斗。他们激发员工的创造力和积极性,让大家为了实现组织愿景而全力以赴。领导者能够清晰地阐述组织的愿景,并将其与员工的个人发展相结合,员工会感受到自己的工作是有意义的,从而更加投入地为组织贡献力量。

领导者是组织利益的守护者,他们需要在复杂的外部环境中,为组织争取最大的利益,这包括与合作伙伴进行谈判、开拓市场、争取资源等。领导者要以组织的整体利益为重,作出明智的决策。同时,领导者也要关注员工的利益,为员工创造良好的工作环境和发展机会。只有员工的利益得到保障,他们才会更加忠诚地为组织服务。

领导者在危机管理中也扮演着关键的角色。当组织面临危机时,领导者必须挺身而出,代表组织采取果断的措施,化解危机。他们需要保持冷静和理智,迅速作出决策,组织力量进行应对。同时,领导者还应及时向内部员工和外部利益相关者通报情况,保持信息的透明和畅通,增强组织的公信力。

领导者是组织形象的代言人,他们的言行举止、决策风格等都直接影响着组织的形象。优秀的领导者会以积极、专业、负责的形象出现在公众面前,为组织赢得良好的声誉。他们与各方进行有效的沟通和交流,展示组织的实力和优势。在面对危机和挑战时,领导者更要挺身而出,果断采取措施,维护组织的形象和声誉。

总之,领导者作为代表整个组织的关键人物,肩负着重大的责任,需要不断提升自己的领导能力和综合素质,以更好地履行自己的职责。只有当领导者真正理解并担当起代表整个组织的角色,组织才能在激烈的竞争中脱颖而出。

11.1.2 个人 IP 背后的信任机制

在领导者个人 IP 背后，存在一套信任机制，它由诚信、能力、关爱和尊重以及榜样作用共同构成，如图 11-1 所示。

图 11-1　领导者个人 IP 背后的信任机制

1. 诚信

领导者只有具备诚实守信的品质，才能赢得下属、同事以及合作伙伴的信任。诚信意味着言行一致，说到做到。领导者不能忽视自己的承诺，一旦作出承诺，就必须全力以赴去履行。在面对困难和挑战时，也不能为了短期利益而违背原则。领导者以诚信为本，员工才愿意追随他。例如，一位领导者在与员工沟通时，如实告知企业的发展状况和面临的问题，不隐瞒、不欺骗，这种坦诚的态度会让员工感受到领导者的可靠，从而建立起信任关系。

2. 能力

领导者需要具备卓越的专业能力、决策能力和管理能力。只有展现出足够的能力，才能带领团队实现目标，应对各种复杂的局面。一个有能力的领导者能够制定出明智的战略规划，合理分配资源，解决各种难题。员工会因为领导者的能力而对其充满信心，相信在他的带领下能够取得成功。例如，一位科技公司的领导者凭借其深厚的技术背景和敏锐的市场洞察力，带领团队不断推出创新产品，在市场竞争中脱颖而出，这样的领导者自然会赢得员工的信任和尊重。

3. 关爱和尊重

领导者应关爱员工，关注他们的工作和生活需求，为他们提供必要的支持和帮助。尊重则体现在平等对待每一个人，尊重他们的意见和想法。领导者给予员工关爱和尊重，员工会感受到自己的价值和重要性，从而更加忠诚于领导者和组织。例如，领导者定期与员工进行一对一的交流，了解他们的工作进展和困难，为他们提供职业发展建议；在决策过程中，充分听取员工的意见，让他们参与到组织管理中来。这样的领导者能够营造出良好的工作氛围，增强团队的凝聚力。

4. 榜样作用

领导者作为团队的核心，其行为举止对员工有着深远的影响。一个以身作则的领导者能够为员工树立良好的榜样，激励他们积极向上。领导者要在工作中展现出高度的敬业精神、责任感和团队合作意识。如果领导者自己都不遵守规章制度，如何要求员工做到呢？如果领导者始终保持学习的热情，不断提升自己的能力，这种进取精神会感染员工，促使他们也努力提升自己。

总之，领导者个人IP背后的信任机制是一个复杂而又重要的体系。诚信、能力、关爱和尊重以及榜样作用共同发挥作用，构建起领导者与员工之间的信任桥梁。

11.2 如何打造个人 IP

领导者想要打造一个独特的个人 IP 可以采用以下几种方法：输出金句，以简洁而有力的话语触动人心，迅速引爆传播；建立高辨识度的视觉体系，让形象深入人心，一眼即被识别；邀请名人背书，体现权威，借助他人影响力提升自身价值。借助这些方法，领导者不仅能提升个人魅力与影响力，还能为企业带来更多发展机遇。

11.2.1 输出金句，引爆传播

金句是引爆传播的有力武器之一。领导者要通过金句打造个人 IP，可以采取五种方法，如图 11-2 所示。

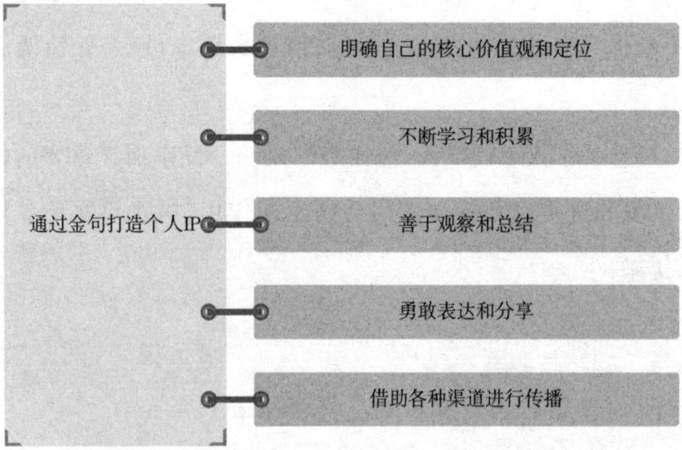

图 11-2　领导者通过金句打造个人 IP 的方法

1. 需要明确自己的核心价值观和定位

领导者只有明确了自己的理念和独特之处,才能提炼出具有感染力的金句。史蒂夫·乔布斯就是一个很好的例子,他以“活着就是为了改变世界”为信念,将创新与极致的用户体验融入苹果产品。

领导者应深入思考自己的理念和追求,确定独特的个人定位,以便在输出金句时能够围绕核心价值,引起共鸣。无独有偶,董明珠以“让世界爱上中国造”这句掷地有声的话语,展现了自己对产品品质的执着追求和对国家制造业的强烈责任感。

2. 不断学习和积累是关键

领导者需要广泛涉猎各种知识领域,提升自己的思想深度和广度。马斯克在科技、商业、可持续能源等多个领域展现出卓越的见识,他所说的“我认为普通人有可能选择成为不平凡的人”等金句,激励着无数人勇敢追求梦想。只有拥有丰富的知识储备,领导者才能在不同场合信手拈来精彩的金句,展现出个人的智慧和魅力。

3. 要善于观察和总结

领导者要从工作中的挑战、团队的奋斗以及生活的点滴中提取感悟,转化为简洁而有力的金句。例如,“站在风口上,猪都能飞起来”就是对商业机遇的生动总结。这句话不仅在互联网行业广泛流传,也引发了无数创业者的思考。

4. 勇敢表达和分享也是必不可少的

领导者不应害怕展现自己的个性和观点,积极参与各种交流活动,通过演讲、访谈等方式输出金句。例如,任正非的“面子是给狗吃的”等话语虽然直白却发人深省。大胆地表达自己的想法,才能让更多的人了解和记住自己的个人 IP。

5. 要借助各种渠道进行传播

领导者可以利用社交媒体、新闻媒体、内部沟通平台等，将金句广泛传播出去。同时，积极与粉丝和受众互动，回应他们的关切和问题，进一步扩大个人 IP 的影响力。

总之，领导者打造个人 IP，输出金句不仅能够提升自身的影响力，还能激励团队、传递正能量。

11.2.2 建立高辨识度的视觉体系

高辨识度的视觉体系能够在瞬间吸引他人的注意力，让领导者在众多人群中脱颖而出，给人留下深刻的印象。

领导者打造个人高辨识度的视觉体系的方法如图 11-3 所示。

图 11-3 打造高辨识度的视觉体系的方法

1. 明确个人定位和品牌形象

领导者应深入思考自己的价值观、个性特点和专业领域，确定一个清晰的个人定位，然后围绕这个定位来打造视觉体系。以张一鸣为例，他经常以简洁、干练的着装风格出现在公众视野中。这种简约而不失大气的形象，传递出一种务实、高效的气质，与字节跳动的企业文化相得益彰。领导者可以根据自身的特点和企业的定位,选择适合自己的服装风格,展现出专业、自信的形象。

2. 注重色彩的运用

领导者可以选择一种或几种具有代表性的色彩,能够让人们在看到这些颜色时,立刻联想到领导者个人IP。例如,周鸿祎因常年穿着红色POLO衫出席活动,被网友称为“红衣大叔”。红色不仅成为其个人标志,还与360品牌的网络安全属性(警示色)形成隐性关联,增强公众记忆点。在短视频和直播中,周鸿祎延续这一风格,通过高频次曝光红色着装,强化真实、亲民的IP形象,并与360产品的安全可靠理念形成呼应。

3. 选择独特的配饰

领导者可以选择一款有特色的手表、领带夹、胸针、项链等配饰,作为自己的标志。例如,董明珠在很多场合都会佩戴珍珠项链,单圈小珍珠项链搭配西装,优雅又有职业感;参加正式场合时会选择多层珍珠项链,提升造型精致度。她也常以丝巾来提升造型格调,喜欢将丝巾系成法式结搭配纯色上衣,营造优雅的法式风情。有时还会将珍珠项链和胸针搭配,或用丝巾配合简约吊坠,整体搭配恰到好处,既展现专业气场又不失女人味,让珍珠项链和丝巾成为其个人形象的一部分,强化了其优雅、干练的个人IP。

4. 运用肢体语言和表情

保持自信的姿态、微笑的面容和坚定的眼神,能够传递出积极向上的能量。例如,雷军总是以自信、亲和的形象出现。他常常面带微笑,眼神专注而有神,给人一种沉稳、可靠的感觉。在讲解产品时,他会运用丰富的手势来强调产品的特点和优势,如用手指指向大屏幕上的产品图片,或者用手掌来比画产品的大小、形状等,让观众更直观地理解产品信息。

此外,雷军的一些经典表情包在网络上广泛传播,如2025年春节他推出的以标志性红衬衫形象为蓝本的表情包，在“下班啦”这一表情包中，他手持铜锣，满脸笑意，夸张的动作将打工人下班时的喜悦展现得淋漓尽致，通过这些表情包进一步塑造了他亲民、接地气的个人IP。

综上所述，建立高辨识度的视觉体系需要领导者不断地探索和尝试。同时，也要与领导者的个人风格、企业品牌形象相契合。

11.2.3 邀请名人背书，体现权威

名人背书能够迅速提升领导者的知名度和可信度，借助名人的光环，领导者能够更快地进入公众视野，并在受众心中树立起权威形象。当人们看到一位领导者有知名人士为其站台，自然会对其多一分关注和信任，认为这位领导者必有过人之处。

那么，领导者该如何邀请名人背书以打造个人IP呢？

首先，建立广泛的资源网络是基础。领导者应积极参与各类行业活动、社交聚会和高端论坛等，主动结识不同领域的名人，并通过真诚的交流和互动，与他们逐渐建立起联系。在这个过程中，领导者要展现出自己的专业素养、人格魅力和领导风范，给名人留下深刻印象。例如，在行业峰会上，领导者可以主动与受邀的名人嘉宾交流对行业发展的见解，分享自己的成功经验和独特观点，引起名人的兴趣和关注。

其次，寻找共同的价值点和利益结合点。名人通常不会轻易为他人背书，除非有共同的价值追求或利益关联。领导者需要深入研究名人的背景、兴趣爱好和关注领域，找到与自己的契合点。如果领导者致力于环保事业，而恰好某位名人也对环保充满热情，就可以此为契机，展开合作洽谈，通过共同参与环保项目、举办公益活动等方式，建立起深度合作关系，为名人背书创造条件。

再次,提供有价值的回报也是关键。名人背书需要付出时间和精力,领导者应考虑给予名人相应的回报。这可以是物质上的回报,如赞助名人的活动或项目,也可以是精神上的回报,如为名人提供一个展示自己价值的平台。例如,领导者可以邀请名人担任自己企业的荣誉顾问,给予名人一定的荣誉和地位,同时也让名人有机会参与到有意义的事业中。

最后,精心策划背书活动至关重要。一旦邀请到名人背书,领导者要充分利用这个机会,精心策划一系列宣传活动,如通过新闻发布会、社交媒体推广、线下活动等多种渠道,将名人背书的消息广泛传播出去。在活动中,要突出名人与领导者的互动和合作,展示双方的共同价值和目标,让受众深刻感受到领导者的权威和魅力。

总之,邀请名人背书是领导者打造个人 IP 的有效途径之一。领导者可以借助名人的权威和影响力,快速提升自己的个人 IP 价值。

11.3 一个优秀个人 IP 的要素

优秀的领导者往往以身作则,用行动诠释责任与担当,从而赢得众人尊重。面对挑战,他们勇于挺身而出,以无畏之姿强势逆转困境。更难能可贵的是,他们真诚相待每一个人,用心去关心、理解他人。这样的领导者,以独特的个人魅力塑造强大的个人 IP。他们不仅是团队的掌舵者,还是激励众人奋进的榜样,引领大家在充满挑战的征程中披荆斩棘。

11.3.1 以身作则，赢得尊重

领导者作为团队的核心，其言行举止指引着团队成员的行动方向。领导者以身作则，就是用实际行动向团队展示什么是正确的价值观和行为准则。这种无声的示范远比言语上的教导更具影响力。

以身作则首先体现在对工作的高度敬业和投入。领导者若能始终以饱满的热情和专注的态度对待工作，认真对待每一个任务和决策，团队成员自然会受到感染，从而更加努力地工作。他们会明白，只有付出不亚于领导者的努力，才能在团队中立足并取得进步。

其次，诚实守信是领导者以身作则的重要体现。领导者承诺的事情一定要做到，无论是对客户的承诺还是对团队成员的承诺。领导者的诚信将为团队树立榜样，营造出一个诚信为本的工作氛围。在这样的环境中，团队成员之间的合作将更加顺畅，工作效率也会大大提高。

再次，勇于担当也是领导者的必备品质。面对困难和挑战，领导者不应推诿、逃避，而应勇敢地站出来，承担起责任。这种担当精神会激励团队成员在遇到问题时也能积极主动地寻求解决方案，而不是相互指责或推卸责任。

最后，领导者的自我提升也是以身作则的重要方面。领导者不断学习新知识、新技能，提升自己的综合素质，向团队成员展示了成长和进步的重要性。这将激发团队成员的学习热情，促使他们不断提升自己，以适应不断变化的市场环境。

王健林就是一个很好的例子。他对工作一丝不苟，始终坚持自己先做到，再要求员工去做。多年来，他每天提前到公司，来得最早走得最晚。在他的影响下，员工也纷纷以更高的标准要求自己，为公司的发展贡献自己的力量。

廉洁自律,是王健林以身作则的又一体现。他从不干预投标过程,坚决避免在公司内部形成裙带关系,严禁亲属与公司进行商业往来。他深知,只有维持公正与廉洁,才能获得员工的信任与尊重。“在万达工作好就是最好的关系”,这句话不仅是他的口头禅,还是他的行动指南。他用自己的实际行动,为员工营造了一个公平、公正、公开的工作环境。

领导者以身作则不仅能赢得团队成员的尊重,还能吸引更多优秀的人才加入。人们总是愿意追随那些以身作则、值得尊敬的领导者。同时,这种尊重也会转化为团队的凝聚力和战斗力,推动团队不断向前发展。

11.3.2 勇于挑战,强势逆转

对领导者而言,优秀的个人 IP 是其职业形象、专业能力、人格魅力以及领导风格的综合体现,而勇于挑战则是塑造其个人 IP 的关键要素。

优秀的领导者往往具备强烈的探索精神和进取心,不满足于现状,敢于面对未知的挑战。这种勇气不仅体现在对新技术的接纳和应用上,还体现在对市场趋势的敏锐洞察和积极应对上。同时,优秀的领导者不仅自己勇于挑战,还会激励团队成员一起面对挑战。他们会通过设定明确的目标,激发团队成员的积极性,引领大家为实现目标而共同努力。

面对困境,优秀的领导者能够迅速调整心态,保持冷静和理智。他们不会选择逃避或妥协,而会尝试从问题中发现机遇,通过不断实践,找到解决问题的新方法。同时,优秀的领导者具备强大的应变能力和决策能力,能够在短时间内制定出有效的应对策略,并带领团队迅速行动。这些策略往往能够直击问题要害,帮助团队迅速走出困境。

2003 年,在比亚迪还是一家手机电池供应商时,王传福宣布进军汽车行业,资本市场一片哗然,股价暴跌。业内普遍认为,这是一次不自量力的跨界冒险。

但王传福坚信电动化是未来。面对技术、资金、品牌的三重壁垒，他选择走“技术自研＋垂直整合”之路，坚持电池、电机、电控、整车全链条自主研发。2010年前后，公司一度陷入低谷，销量停滞，质疑声四起。王传福没有动摇，反而加大投入，带队攻坚磷酸铁锂电池技术，最终推出颠覆行业的刀片电池，以高安全性和低成本重塑行业标准。

2020年后，随着新能源车需求爆发，比亚迪迎来全面逆转：2022年成为全球首家停产燃油车的车企；2023年新能源车销量超越特斯拉，位居全球第一。

王传福极少进行娱乐化营销，但通过技术发布会、行业论坛、内部讲话持续输出观点，语言务实、逻辑清晰。他提出“新能源上半场是电动化，下半场是智能化”等观点，展现出前瞻视野；在面对芯片短缺、产能瓶颈时，他公开分享应对策略，体现战略定力。他用一场长达20多年的战略坚守，完成了从被质疑到引领者的跃迁。

他的IP并非刻意包装，而是由一次次技术突破与战略逆转共同铸就。这种“在无人看好时坚持，在风口到来时领跑”的经历，正是领导者个人IP最坚实的信任基石。

11.3.3 雷军是如何成为接地气的总裁的

雷军作为小米集团的创始人，其个人IP无疑是非常成功的。他以接地气的形象和“霸道”而不失亲和力的领导风格，赢得了广泛的认可和赞誉。

一方面，雷军打造了接地气的形象。雷军经常与小米用户互动，并在互动过程中保持平易近人的态度。例如，在小米汽车的交付现场，雷军亲自为车主开车门、合影留念，这种举动让小米用户感受到极大的尊重和诚意。同时，雷军还经常在社交媒体上分享自己的生活和工作点滴，与粉丝保持紧密的联系。他的这种亲民形象使得小米品牌更加贴近用户，增强了品牌的亲和力。

另一方面，雷军展现了“霸道”而不失亲和力的领导风格。雷军以果断的决策力而著称，在小米集团的发展历程中，他多次在关键时刻作出正确的决策，带领小米集团走出困境，实现快速发展。例如，在小米汽车项目的决策上，雷军展现出非凡的洞察力和判断力。他坚信新能源汽车是未来的发展趋势，因此果断投入资源，推动小米汽车的研发和生产。

尽管雷军在商场上表现出“霸道”的一面，但他对待员工和合作伙伴却非常亲和友善。他善于倾听员工的建议，鼓励员工积极参与公司的决策和管理工作。在与合作伙伴的合作中，雷军也始终保持诚信和共赢的态度。他注重与合作伙伴的沟通和协调，以共同推动项目的顺利进行。

雷军以接地气的形象和“霸道”而不失亲和力的领导风格，成功打造了个人 IP。同时，雷军十分注重个人 IP 的维护，他通过积极参与公益活动、接受媒体采访等方式，提升自己的知名度和影响力。他还通过分享自己的创业经历和管理心得，树立了成功企业家的形象。优秀个人 IP 的打造不仅提升了雷军个人的知名度，也为小米集团的发展提供了有力的支持。

第 12 章

终身成长：永远不要拒绝进步

领导者应当明白，成长没有终点。无论是应对复杂多变的市场挑战，还是引领团队不断向前，终身成长、永远不拒绝进步都至关重要。只有持续学习新知识、新技能，不断拓宽视野、提升格局，领导者才能在时代的浪潮中站稳脚跟，为团队指明方向。

12.1 领导力是一种可持续的能力

领导力的可持续性，核心在于领导者不断学习与成长，适应并应对新的挑战与机遇。优秀的领导者不仅具备远见卓识，能够规划未来、引领团队前行，还拥有坚定决心，在困难面前不屈不挠、勇往直前，以独特的人格魅力凝聚人心、激励团队。

12.1.1 自检：你是一个合格的领导吗

在领导岗位上，领导者常投身于纷繁的事务中，引领团队向目标迈进。然而，在忙碌中，领导者是否曾驻足片刻，深刻自省：我是否真正称得上一位合格的领导者？通过运用360度领导力测评、DISC领导风格测评等工具，领导者能够以更广阔的视角审视自身的领导力。

360度领导力测评以多维度、全方位的评估机制，涵盖了上级、下级、同事及自我等多个层面。上级的评判映射出领导者在战略规划与执行方面的能力和表现；下级的反馈则揭示了领导者在领导风格、沟通艺术、激励策略上的成效与待改进之处；同事的视角则助力领导者洞察团队合作与跨部门协作中的亮点与盲点。

为了更好地运用这一工具，领导者可制作如下自检清单：

上级反馈：是否清晰理解组织战略并有效传达给团队？战略执行过程中，是否及时向上级反馈进展与问题？重大决策是否与上级思路保持一致且符合组织长远利益？

下级反馈：沟通时，是否耐心倾听下属意见，让他们充分表达想法？激励措施是否切实有效，激发了团队成员的工作积极性与创造力？在培养下属方面，是否提供了明确的职业发展指导与成长机会？

同事反馈：在团队合作项目中，是否积极主动协作，贡献自身力量且能协调各方资源？跨部门沟通时，是否保持开放、平等态度，高效解决协作障碍？面对利益冲突，是否以组织整体利益为重，寻求共赢解决方案？

DISC领导风格测评根据行为特点将领导者细分为支配型（dominance）、影响型（influence）、稳健型（steadiness）与服从型（compliance）四大类型。明确自身的领导风格，不仅有助于领导者扬长避短，还能促使他们针对自身短板进行有针对性的调整与优化。

支配型领导者以果敢决断与目标导向著称，能在危急时刻力挽狂澜。但过度的支配，也可能让团队成员感到被束缚，缺乏归属感。

影响型领导者活力四射、善于沟通，能够激发团队的潜能，营造积极向上的工作氛围。然而，过于沉溺于人际关系的构建，也可能导致任务执行力削弱。

稳健型领导者耐心可靠、追求稳定和谐，注重团队协作与长期关系。在决策时，其谨慎、渐进，优先规避风险，强调共识；在沟通中以倾听为主，避免冲突，倾向于温和表达。

服从型领导者逻辑严谨、注重规则与精准性，偏好结构化流程。在决策时，其依赖数据分析，强调合规与系统性验证。在沟通中，其精准、客观，倾向于用事实和数据说服他人。

运用 DISC 测评进行自检时，领导者可参考以下清单：

支配型（D）：决策时，是否过于独断，未充分考虑团队成员建议？是否因追求速度与结果，对团队成员的感受关注不足？面对不同意见，能否冷静倾听，而非急于反驳？

影响型（I）：工作中，是否过于注重营造氛围，导致任务执行出现拖延？沟通时，是否过于强调表达自我，而忽视了对他人观点的有效接收？在团队激励方面，措施是否缺乏持续性与深度？

稳健型（S）：面对新的工作模式或变革建议，是否习惯性抵触，不愿尝试？决策时，是否因过度权衡利弊，错失最佳时机？在团队管理中，是否对冲突处理不够果断，影响工作效率？

服从型（C）：是否因过度关注细节，而忽略了整体工作进度与战略方向？在处理复杂问题时，是否因过于依赖规则与流程，缺乏灵活应变的能力？在团队协作中，是否因坚持己见，难以与他人达成共识？

总之，领导者应始终保持自我审视的态度，借助科学的测评工具，不断深化对自我领导能力与风格的认知与理解。

12.1.2 如何将领导力品牌化

领导者不仅需要具备卓越的领导力，还需要将其品牌化，以在团队、组织及更广泛领域内塑造独特的形象与价值。

领导力品牌由两大核心要素构成：领导力准则与领导力区分因子。领导力准则作为组织对领导者普遍期望的集中体现，为领导行为提供了基本框架;而领导力区分因子,则是组织期望为其领导者打造的独特品牌标识。

要将领导力品牌化,领导者可以遵循三个步骤,如图 12-1 所示。

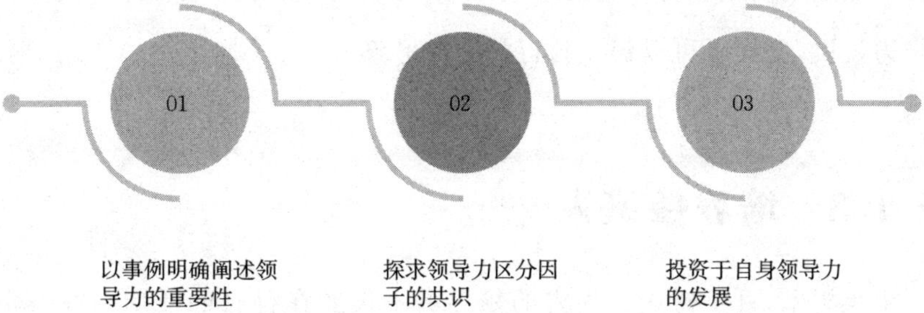

图 12-1　领导力品牌化的步骤

1. 以事例明确阐述领导力的重要性

领导者可分享其在领导岗位上的成功案例,展现卓越的领导才能与辉煌成就。例如,讲述如何引领团队克服重重困难达成业务目标;如何激发团队成员的潜能,提升整体工作绩效。这些实例能直观展现领导力的核心价值,为领导者树立卓越的领导力品牌形象。

2. 探求领导力区分因子的共识

领导者需要与团队成员、上级管理者及合作伙伴深入沟通,了解他们对自己的期望与评价。通过访谈与讨论,发掘并确定领导力区分因子的共识,明确自身在哪些领域具有独特优势与价值。同时,领导者需要将个人领导力与组织的战略需求紧密结合,确保领导行为能有效推动组织发展,组织内部也需要进行深入的讨论和研究,确定领导者应该以什么特质而闻名。

3. 投资于自身领导力的发展

领导者应当致力于持续提升领导能力,这需要持续地学习与成长。接受培训、研读专业书籍、与行业专家交流,都是拓宽视野、丰富知识的好方法。同时,领导者还应通过实践与反思,不断总结经验教训,提升领导水平。

组织也应当为领导者的成长提供必要的支持与资源，如培训经费、晋升机会等，以激励领导者不断精进领导力品牌。

总之，将领导力品牌化是领导者提升自身影响力、推动组织发展的重要途径。通过明确领导力品牌的组成，采取有效的品牌化步骤，并持续投资于领导力发展，领导者可以树立独特的品牌形象。

12.1.3 培养接班人

十年树木，百年树人。优秀的领导者不仅要在自己的任期内取得卓越的成就，还要为组织的长远发展考虑。培养接班人，就是为领导力的延续和传承奠定坚实的基础。领导者培养接班人的方法如图 12-2 所示。

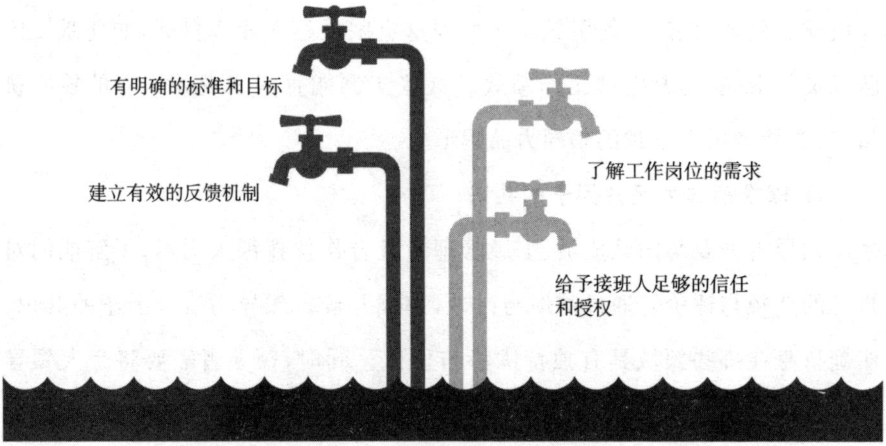

图 12-2 领导者培养接班人的方法

1. 有明确的标准和目标

领导者需要明确什么样的人才是合格的接班人。这包括具备良好的道德品质、卓越的领导才能、专业的知识技能以及强烈的责任感和使命感。领导者制定明确的标准可以为选拔和培养接班人提供依据,让有潜力的人才有努力的方向。同时,设定具体的目标,如在一定时间内掌握特定的领导技能、完成特定的项目任务等,有助于接班人不断成长和进步。

2. 了解工作岗位的需求

不同的领导岗位有不同的职责和要求,领导者要深入了解这些需求,以便有针对性地培养接班人。通过分析岗位的工作内容、面临的挑战以及所需的能力素质,领导者可以为接班人制订个性化的培养计划。领导者可以安排接班人参与不同的项目和任务,让他们在实践中积累经验,提升解决问题的能力。

3. 建立有效的反馈机制

领导者要定期与接班人沟通和交流,了解他们的工作进展和遇到的问题,并给予及时反馈和指导。反馈应该具体、客观、有建设性,既肯定他们的成绩和进步,也指出存在的不足和改进的方向。通过反馈,接班人可以不断调整自己的行为和方法,提高工作效率和质量。同时,建立反馈机制也可以提升接班人的自我认知,让他们更加清楚地了解自己的优势和劣势,以便更好地发挥优势、弥补不足。

4. 给予接班人足够的信任和授权

领导者要相信接班人的能力和潜力,敢于放手让他们去尝试和创新,给予他们足够的授权,让他们在一定范围内独立决策和行动,承担相应的责任。这样可以锻炼接班人的领导能力和决策能力,增强他们的自信心和责任感。

总之,领导力的持续发展离不开接班人的培养。通过明确标准和目标、了解岗位需求、建立反馈机制以及给予信任和授权,领导者可以培养出优秀的接班人,实现领导力的持续发展。

12.2 永远要与时俱进

领导者永远要与时俱进，因为只有不断前行，才能适应快速变化的市场环境。与时俱进需要领导者将个人梦想与企业的愿景紧密相连，只有二者融合才能成就整体的辉煌。而培养成长的习惯，则是领导者持续进步、与时俱进的重要一环。

12.2.1 你的梦想＋企业的愿景＝整体

冯某是某企业的CEO，在刚刚升任这一职位时，他陷入了一个常见的误区。

初登高位的冯某过分追求个人目标，他渴望在短时间内取得突出的业绩，以证明自己的能力。为此，他不惜一切代价地推动一些项目，全然不顾这些项目是否与企业的整体战略和愿景相符。在他的强势领导下，团队成员忙碌不堪、感到迷茫和疲惫。一些项目由于缺乏充分的市场调研和团队协作，最终以失败告终，不仅浪费了企业的资源，也让团队的士气受到了严重打击。

随着工作的深入，冯某逐渐认识到自己的错误。他开始反思自己的领导方式和目标追求。在与团队成员的交流中，他了解到大家对企业的愿景和未来充满了期待，而自己之前的行为却让大家感到失望。冯某意识到，只有将个人梦想融入企业愿景之中，才能实现真正的双赢。

那么，领导者如何将个人梦想和企业的愿景融合呢？

首先,领导者需深刻领悟并内化企业的愿景与使命。他们应细致研究企业的发展战略、核心价值观及长远目标,确保这些核心理念成为自身行动的指南针。只有这样,才能精准找到个人梦想与企业愿景的交汇点。

其次,领导者应将个人梦想与期望巧妙融入企业战略决策。领导者还可以通过与团队成员的紧密沟通与协作,共同绘制出既契合企业愿景又能实现个人抱负的战略蓝图。以新产品研发为例,领导者可分享对市场趋势的独到见解与创新构想,同时评估这些想法如何为企业赢得竞争优势,从而加速实现企业愿景的步伐。

最后,领导者需以身作则,践行企业的愿景。通过实际行动展现个人梦想与企业愿景融合的典范力量,领导者能够激发团队成员的共鸣与斗志。如果企业崇尚团队合作与创新精神,领导者便应在日常工作中积极倡导并实践这一理念,鼓励团队成员勇于提出新见解与解决方案。同时,领导者还需持续学习、追求卓越,不断提升自我能力与素养,为企业的愿景实现与个人梦想达成奠定坚实的基石。

通过以上三个方面,领导者不仅能够更好地发挥领导力,推动企业目标达成,同时也能在实现企业目标的过程中实现个人梦想。

12.2.2 培养成长的习惯

在领导力的演进中,成长远不止于知识的积累,而是一种持续的自我更新能力,包括思维模式的进化、决策心智的成熟、情绪的稳定以及对复杂现实的感知力提升。真正的成长,发生在行动后的反思中、在失败中的自省里、在与不同观点碰撞时的认知重构中。它不是偶尔的学习"充电",而是一系列可重复、可内化的行为习惯,让领导者在不确定时代保持韧性与前瞻性。以下是几个关键且可落地的成长习惯。

1. 建立“行动—反馈—调适”闭环

成长始于行动，成于校准。领导者应养成在重大决策或项目推进后，主动收集反馈、评估结果、识别偏差的习惯。领导者可以设定观察期，例如，在行动实施后的30天内，系统回顾：目标是否达成？假设是否成立？哪些变量被忽略？通过定期复盘，避免经验固化，形成动态优化的能力。

2. 培养多视角认知习惯

长期处于高层，领导者容易陷入信息茧房。要想打破信息茧房，领导者需主动收集一线、客户、合作伙伴甚至批评者的声音。每周安排一次与非管理层员工的非正式对话，或每月进行一次基层工作场景的实地观察，能有效增强对组织真实状态的感知力，防止战略脱离实际。

3. 设定“认知松动”时间

人的思维容易被过往成功经验锁定。建议每月安排半天时间，脱离具体事务，专注反思：近期决策中是否存在情绪干扰？哪些判断基于惯性而非事实？是否有被忽视的反面证据？这种元认知训练，有助于领导者识别思维盲区，提升决策质量。

4. 接受建设性冲突

成长往往发生在张力之中。在会议中，领导者可以有意识地邀请持不同意见者发言，鼓励挑战性提问，并将异议记录归档，作为后续决策的参照。这种对多样性观点的包容，不仅能提升决策稳健性，也能塑造开放的组织文化。

5. 构建输出倒逼输入机制

写作、演讲、分享等都是高效的学习方式。领导者可以定期撰写管理思考、内部信或行业观点，迫使自己梳理逻辑、提炼洞见。不必追求发表，重在过程，许多深刻认知，正是在表达中才真正成型。

成长的本质，是与惯性对抗的过程。它不要求惊天动地的改变，而是通过日复一日的微小坚持,积累认知势能。当这些习惯成为自然,领导者便能在变化中保持清醒,在复杂中看见本质,这正是领导者永远与时俱进的深层根基。

12.2.3 张瑞敏:是如何与时俱进的

海尔的前身——青岛电冰箱总厂,在 1984 年可谓风雨飘摇、举步维艰。当时,工厂背负着高达 147 万元的沉重债务,产品滞销,士气低落,连续多年亏损更是导致前三任厂长相继离职。面对这样一个烂摊子,市场似乎已将其判为“死刑”,倒闭的阴影时刻笼罩。

然而,张瑞敏的到来为海尔带来了转机。他凭借非凡的勇气和坚定不移的信念,引领海尔踏上了创新变革的征途。在产品质量方面,张瑞敏大刀阔斧、锐意改革。1985 年,他敏锐地捕捉到消费者反馈中的质量问题,为唤醒全体员工的质量意识,他毅然决然地作出了一个震惊业界的决定——砸毁 76 台不合格冰箱。

这一砸,不仅是对残次品的零容忍,还是对质量追求的极致宣言,它深深触动了每一位海尔人的心,让“质量至上”的理念在海尔生根发芽、茁壮成长。自此以后,海尔产品的合格率显著提升,为企业后续的发展奠定了坚如磐石的基础。

在管理模式上,张瑞敏不断探索创新。他创造性地提出了“人单合一”这一独特的管理模式,巧妙地将员工价值与用户价值深度融合,开创了一种前所未有的管理新境界。

在这一模式下,员工的角色发生了根本性转变,他们不再仅仅是命令的执行者,而是变成拥有决策权、用人权及分配权的“自主经营者”。这种转变赋予他们直接对接用户需求、精准把握市场动态的能力,从而在为用户创造卓越价值的同时，也实现了个人价值的最大化。

“人单合一”模式有效地打破了传统科层制的桎梏，极大地激发了员工的内在动力与创造力，使得海尔集团焕发出勃勃生机，成为一个充满创新精神与活力的创业生态系统。

在企业战略上，张瑞敏具有前瞻性的眼光。当其他企业还在国内市场激烈竞争时，海尔已经开始布局国际市场。张瑞敏没有选择先易后难的路线，而是将制造业强国德国作为国际化战略的首战场，凭借过硬的质量首战告捷。此后，海尔不断拓展海外市场，在全球范围内建立了多个生产基地和研发中心，逐渐成为一个国际化企业。

张瑞敏还注重企业的多元化发展。在巩固冰箱业务的基础上，海尔逐步涉足洗衣机、空调、热水器、厨房电器、小家电等多个领域，为用户提供了全场景智能生活体验。通过不断的技术创新和产品升级，海尔在各个领域都取得了优异的成绩，成为家电行业的领军企业。

张瑞敏从未停下创新的脚步，他的创新精神不仅让海尔从一个濒临破产的小厂发展成为全球知名的企业，也为其他企业的发展提供了宝贵的经验和借鉴。

12.3 终极修炼：成为巅峰领导者

要成为巅峰领导者，就需要具备三种关键品质：拥有主动探索任何事的好奇心，能不断开拓新视野，发现机遇；怀揣相信美好会发生的信心，在困境中坚守希望，引领团队前行；具备敢于担当的责任心，勇于承担风险与挑战，为团队撑起一片天。

12.3.1 主动探索任何事的好奇心

好奇心是推动领导者不断前进的动力。在复杂多变的商业环境中,只有保持对新事物的好奇,才能敏锐地捕捉到市场变化和机遇。戴尔公司CEO迈克尔·戴尔曾经被问到在动荡的时代CEO最需要的品质是什么,他回答道:"我选好奇心。"

领导者培养自己的好奇心的方法如图12-3所示。

图12-3 领导者培养自己的好奇心的方法

1. 拥有开放的态度

领导者的好奇心不应仅局限于自身所在的领域,还应拓展到更广泛的范围。以开放的态度面对新事物以及本部门或行业以外的人,领导者能够获得全新的视角和思路。不同领域的知识和经验相互碰撞,往往能激发创新的火花。领导者不应局限于自己熟悉的领域,而应积极与不同背景的人交流合作,拓宽自己的视野。

2. 敢于提问和质疑

好奇心往往源于对未知的渴望和对现状的不满。领导者要敢于提出问题,挑战传统的思维方式和做法。通过提问和质疑,领导者可以深入了解问题的本质,找到更好的解决方案。

杰克·韦尔奇就是一个很好的例子。有一次，他对核磁共振设备的舒适度质疑。他认为，患者在接受核磁共振检查时，往往会感到紧张和不适。同时，他也了解到日本日立公司正在开发孔道更宽的核磁共振检查机。

于是，杰克·韦尔奇要求通用电气的研发团队想办法提升设备的舒适度。开发人员表示会认真考虑这个问题，实际上并未认真考虑他的提议。直到一年后，日立公司成功推出了宽孔道扫描仪并成功占领了大量的市场份额，通用电气的开发人员才恍然大悟开始奋起直追，花费了两年时间才勉强赶上。

3. 大胆思考

味好美公司 CEO 艾伦·威尔逊曾说："总是在拓宽自己的视野和知识、天生具有好奇心的企业领导者，更容易获得成功。"领导者不应拘泥于既有的框架，而应勇于设想并深入探索未知领域。这种大胆的思维方式能够引领他们超越常规，洞见新兴市场的需求及潜在的商业机遇。例如，一些领导者会思考如何将人工智能、大数据等新兴技术应用到企业的生产和管理中，以提高企业的效率和竞争力。这种大胆的思考方式不仅需要勇气，还需要好奇心的驱动。

综上所述，主动探索任何事的好奇心是领导者必备的品质之一。它能够帮助领导者不断学习和成长、激发创新思维，使得领导者能够以更加积极主动的态度去探索未知的领域。

12.3.2 相信美好会发生的信心

杜根定律强调，强者未必是胜利者，但胜利迟早都属于有信心的人。杜根定律还指出，一个人胜任一件事，85%取决于态度，15%取决于智力。在领导力修炼方面，这一定律有着深刻的启示意义。

成为巅峰领导者,不仅需要能力与远见,更需要一种深层的心理力量:相信美好会发生。这种信心不是盲目的乐观,也不是对困难的忽视,而是一种在看清现实复杂性之后,依然选择坚持方向、推动变革的坚定信念。它像一盏灯,既照亮自己的路,也温暖和引导身边的人。

这种信心之所以重要,是因为领导者的情绪和态度会直接影响整个组织的氛围。当外部环境动荡、内部遇到挫折时,团队容易陷入焦虑和怀疑。这时,领导者如果还能保持稳定的心态,传递出“我们能行”的信号,就能稳住军心,激发团队的潜能。

那么,这种信心该如何修炼?

首先,要多关注趋势,少陷入细节。领导者不必对每一件小事都挂怀,而是要把精力放在观察大趋势上——行业在往哪个方向走?技术带来了哪些可能?社会需求发生了什么变化?当领导者看清了大的方向,就会发现,尽管眼前有困难,但未来依然充满机会。

其次,要学会讲“希望的故事”。这不是空喊口号,而是用真实的案例、阶段性的成果,向团队展示我们正在一步步接近目标。比如,某款产品虽然还没盈利,但用户反馈很好;某个项目虽然延期,但关键技术已经取得突破。把这些点滴进步讲清楚,团队的信心就会慢慢建立起来。

再次,要主动和那些有信念感的人交流。领导者身边如果有始终积极向上、坚持长期价值的同行或好友,多和他们对话,能帮助他在低谷时不迷失。同时,领导者也要定期回顾自己和组织走过的路,会发现曾经以为过不去的坎也都走过来了。这种回望,能增强领导者对未来的底气。

最后,建立信心也需要领导者自我调节。当压力太大时,领导者不妨通过运动、阅读或静心思考来恢复状态。一个身心稳定的领导者,才更容易传递出坚定的力量。

信心的建立不是一蹴而就的,它是在一次次面对挑战、做出选择的过程中，慢慢积累起来的。当领导者始终坚持做正确的事，哪怕慢一点，也会越来越相信：美好，终将发生。

12.3.3 敢于担当的责任心

在组织中，职位越高，责任越大。领导者不应只是把任务分配下去，要在关键时刻站出来，扛起责任。这种敢于担当的责任心，是领导者赢得信任、凝聚团队成员的核心品质。

那么，领导者怎样才能真正拥有担当精神？可以从以下几个方面去练习和提升。

(1)遇到问题时，先问“怎么解决”，而不是“是谁的错”。追究责任固然重要，但更重要的是尽快止损和修复。领导者应该带头把注意力放在解决方案上，等事情稳定后再复盘原因。这样既能提高效率，也能让团队感受到支持。

(2)当下属犯错或遇到困难时，要主动为他们争取空间。比如，在上级面前说明情况，避免一味责罚下属；在资源紧张时，优先保障一线团队的需求。领导者的支持会让员工感到安心，员工也更愿意主动承担责任。

(3)做决策时，要有勇气坚持对的事情。有时候，正确的选择可能不受欢迎，比如拒绝短期盈利但损害品牌的行为，或者推动一项短期内看不到回报的改革。这时候，领导者要顶住压力，清楚地告诉团队：“这么做是因为它符合我们的价值观和长远目标。”

(4)要学会在公众面前承担责任。如果组织出现了重大失误，领导者不应回避，而要坦诚面对，说明情况，并提出改进措施。这种坦率不会削弱领导者的权威，反而会赢得尊重。

(5)担当也需要自我修养。领导者在平时要多反思自己的决策和行为，明确自己是否有逃避责任的倾向;多和有责任感的前辈交流,学习他们处理难题的方式。时间久了,担当就会成为领导者的一种本能。

真正的领导力,不在于说了多少话,而在于关键时刻能不能扛得住。当领导者愿意为团队遮风挡雨,成员自然愿意和他一起前行。这,就是巅峰领导者的担当。